E

R

Schreiber vs. Schneider

Baby gelandet!

SIE und ER
im turbulenten ersten Jahr

Kösel

Umschlag: 2005 Werbung, München
Illustrationen für Umschlag und Innenteil: Mathias Hütter,
Schwäbisch Gmünd
Foto/Umschlagrückseite: © Coopzeitung/Schweiz
Druck und Bindung: Kösel, Krugzell
Printed in Germany
ISBN: 978-3-466-34512-0

*Gedruckt auf umweltfreundlich hergestelltem Werkdruckpapier
(säurefrei und chlorfrei gebleicht)*

www.koesel.de

Für unsere Kinder

Prolog

S I E

Liebe Leserin

Als ich schwanger war, trug ich neben dem Kind im Bauch unter anderem auch große Fragen mit mir herum: Habe ich genügend Liebe für das Kind und meinen Mann? Kann ich Liebe teilen? Was, wenn ich nur noch mein Kind liebe?
Nun weiß ich die Antworten: Man kann Liebe nicht teilen, geht nicht. Aber sie lässt sich vermehren. Fast von selbst. Jetzt ist einfach doppelt so viel Liebe da – und auch doppelt so viel Stress, doppelt so wenig Schlaf, doppelt so viel Lachen, doppelt so wenig Zeit für mich allein, doppelt so viel Zauber. Sie sehen: Das Leben mit Kind hat aus meinem Leben ein doppelt so intensives Leben gemacht. Manchmal kommt es mir vor, als wäre die Zeit vor dem Kind eine Bleistift-Skizze gewesen. Jetzt bin ich dabei, ein farbenfrohes, vielschichtiges Ölgemälde zu malen.

Ihre *Sybil Schreiber*

Lieber Leser

Der Beginn des Elternseins gehört Mutter und Kind, und als neugieriger Mensch war ich überaus fasziniert, was zwischen den beiden ablief, und wie sich das Wunder des Lebens entwickelte.
Weniger großartig war die Statistenrolle, die ich während dieser Zeit innehatte: »Tu dies, tu das, tu jenes!« Handlangern war mein Job, Kohle ranschaffen, nachts die Kleine rumtragen.
Irgendwann kommt dann der Tag, an dem man selbst wieder dringend Zuwendung braucht. Und Anerkennung. Und Vertrauen. Da Schweigen die Liebe kaputtmacht, musste ich lernen, zu sagen, was ich wollte: Mal mit Kumpels am Feuer sitzen. Mit meiner Tochter alleine spazieren gehen. Mit meiner Liebsten mal wieder ein Tète-à-tète haben.
So jedenfalls habe ich unser erstes Jahr einigermaßen erfolgreich überstanden. Und ich freue mich auf die weiteren Jahre – und Kinder!

Ihr *Steven Schneider*

ER

S I E

»Arschloch!«, denke ich. Fährt dieser Depp mit seinem Taxi volle Pulle auf die Ampel zu, obwohl sie schon gelb leuchtet. Dann bremst er scharf. Ich halte den Babysitz fest, atme tief durch und sage streng: »Könnten Sie langsamer fahren, unser Baby ist erst vor vier Tagen zur Welt gekommen!«

Der Taxifahrer schaut stur geradeaus und brummt: »Viel Verkehr, alles Idioten auf der Straße.« Es interessiert ihn nicht im Geringsten, dass er eine äußerst wertvolle Fracht an Bord hat. Kaum leuchtet es grün, steigt er aufs Gaspedal.

Mein Liebster sitzt neben mir und verdreht die Augen. Unsere kleine Prinzessin schaut staunend aus ihrem Fellsack in diese neue Welt hinaus. Kriegt sie das schon alles mit? Die Geräusche? Die Straßenlampen? Dieses Tempo?

Mit Vollgas ins neue Leben

Ich bin ein bisschen wehmütig. Der Abschied vom Geburtshaus fällt mir schwer. Dort haben wir die ersten Tage in aller Ruhe und gut behütet zusammen erlebt. Und jetzt werden wir ausgerechnet von so einem Trottel nach Hause gebracht. Wenn der einen Unfall baut, bringe ich ihn um. Ich halte den Babysitz noch fester und streichle meine kleine Tochter. Bei der nächsten Vollbremsung fauche ich: »Verdammt noch mal, fahren Sie gefälligst langsamer. Sie haben wohl keine Kinder!« Der Typ zischt: »Vier Enkel!«

Ich koche. Und weiß: Die Welt hier draußen ist nicht für Wunder gemacht.

Draußen dröhnt das Taxi rasant das Kopfsteinpflaster hoch. Unsere erste Begegnung mit der Welt außerhalb des Geburtshauses war schlecht.

Ich sperre die Wohnungstür auf. In der Diele liegt noch immer die Daunenjacke auf dem Boden, die Schreiber im letzten Moment doch nicht anziehen wollte. Die Toilettenspülung unseres Nachbarn von oben, einem Amerikaschweizer, rauscht pünktlich zu unserem Erscheinen. Schreiber tritt in die Stube und setzt sich mit der Kleinen aufs Sofa. »Bringst du mir ein Glas Wasser?«, fragt sie.

In gehe in die Küche und denke darüber nach, wie zwei ICHs diese Wohnung verließen – nun sind wir wieder da als großes WIR. Ich schiele ins Bad, wo noch immer der Wecker auf dem Spülkasten des WCs steht, mit dem ich vor fünf Tagen den Wehenrhythmus meiner Liebsten maß, als sie stöhnend in der Badewanne lag. Im Schlafzimmer sind die Laken auf unserem Bett zerwühlt. Auf dem Küchentisch liegen Zettel, auf denen die möglichen Namen für unser Kind stehen: Selma. Pina. Alma.

Ich schiebe die tiefgefrorene Plazenta, die uns die Hebammen mitgegeben haben, ins Gefrierfach unseres alten Kühlschranks und frage mich, was wir um Himmels willen damit anstellen sollen, als Schreiber erneut aus der Stube ruft: »Bringst du nun das Glas Wasser?«

Ach ja, richtig. Ich habe nun auch ganz neue Pflichten.

TROTTEL!
TAXI

»Ruh dich aus, ich kümmere mich um unsere Kleine.« Mein Liebster gibt mir einen Kuss und verschwindet mit unserer Tochter im Wohnzimmer.
Herrlich. Ich liege in unserem großen Bett, daneben steht die Kinderwiege. Wie oft habe ich sie betrachtet, meinen Bauch getätschelt und an unser Baby gedacht. Damals – also letzte Woche. Jetzt sind wir eine richtige Familie. Unglaublich! Ich kuschle mich unter die Decke. Sollte mich ausruhen. Schlaf doch! Nutze die Pause, du hast viel geleistet! Jetzt erhol dich schon!, sage ich zu mir – stattdessen werde ich ganz zapplig.
Alles ist bestens, beruhige ich mich. Meine Kleine ist bei ihrem Papa nebenan. Die zwei genießen es bestimmt miteinander. Ich drehe mich auf die andere Seite. Wie leicht das geht – ohne dicken Bauch.
War da was? Weint sie? Ich halte den Atem an und horche.
Er lacht. Aha. Hoffentlich hält er ihr Köpfchen.
Ich versuche meinen Beckenboden anzuspannen. Rückbildung sei ja sehr wichtig, sagte die Hebamme, damit ich in zwanzig Jahren nicht mit Windeln rumlaufen muss. Also anspannen – locker lassen. Und noch einmal! Da fällt mir sein, dass wir die Kleine schon seit zwei Stunden nicht mehr gewickelt haben. Mein Liebster denkt bestimmt nicht von selbst daran. Ich sollte rasch mal nachsehen.
So ist das also, wenn man Mutter ist.

Endlich Zeit zu zweit: Ich schiebe Mozart in unseren CD-Spieler und setze mich mit meiner Tochter gemütlich aufs Sofa. »Eine kleine Nachtmusik« ertönt, passt famos, und ich erinnere mich gelesen zu haben, Mozarts Musik entspreche der Klangwelt eines Ungeborenen. »Na, Süße, fühlst dich wieder wie im Bauch, jäduduseli?«, sage ich und blicke verliebt auf die zwei Handvoll Mensch in meinen Armen.

Seit 100 Stunden ist die Kleine bei uns; seither bin ich Vater, Schreiber ist Mutter. Was für ein Erlebnis! Meine Liebste hat gebrüllt wie ein zähnefletschendes Urtier, geschnaubt wie eine Dampflokomotive, ihre Finger während der Wehen wie Greifzangen in mein Fleisch gebohrt. Mannomann. Das muss wehgetan haben.

»Das tut ihr nicht weh, oder?« Ich blicke auf. Schreiber steht in der Tür.

»Was?«

»Na, wenn sie so zerknautscht auf deinem Bauch liegt.«

»Ich denke, dann würde sie schreien«, sage ich.

»Bitte?«

»Sie würde s-c-h-r-e-i-e-n!«

»Vielleicht kannst du die Musik etwas leiser stellen?«

»Vielleicht.«

»Und halte bitte ihr Köpfchen gut. Bitte!«

»Sonst noch was?«

»Riech mal an der Windel.«

»Sag mal, Liebste«, flöte ich ganz sanft, obschon mir nicht danach ist, »mache ich auch irgendetwas richtig?«

Schreiber schweigt.

Und mir schwant: So ist das wohl, wenn man Vater ist.

Schreiber wollte unbedingt dieses Tragetuch. »Am Anfang jedenfalls, solange unsere Kleine noch so winzig und zart ist«, sagt sie und reicht mir den Stoffballen. Sie hat sich im Geburtshaus beraten lassen und jetzt stehen wir in der Diele und versuchen, mich in vier Meter dunkelgrauen Jersey zu hüllen. »Das rechte Ende über die Schulter, dann beide Enden kreuzen und wieder nach vorne«, erklärt sie. Ich verheddere mich. »Halt, falsch! Zuerst beide Enden wie eine Schlaufe über beide Schultern nach hinten werfen ...«

Spaziergang zu dritt

»Werfen?«, frage ich genervt. Ich sehe aus wie ein Fallschirmspringer, der zwar glücklich gelandet ist, aber nun doch noch seine Knochen bricht, weil er im Gewirr von Schnüren und Stoff über seine Füße fällt. Womöglich direkt auf unsere Kleine, die am Boden liegt, ebenfalls eingehüllt, aber in einen dicken Daunenanzug, in dem garantiert tropische Temperaturen herrschen.

ER

Ich schwitze und Schreiber sagt: »Gut. Und jetzt vorne über dem Bauch zusammenknoten, äh, oder unter dem Bauch?«

Sie hält sich die Gebrauchsanleitung noch näher vors Gesicht.

Und ich frage mich: Was soll unser Kind in diesem Schlingensalat? Wieso musste Schreiber unverschämt viel Geld für einige Meter Stoffbahn ausgeben, wenn's doch bedienerfreundliche Baby-Tragevorrichtungen gibt? Und überhaupt: Warum nehmen wir nicht einfach den Kinderwagen für unseren ersten Spaziergang zu dritt?

Geschafft! Mein Liebster hat sich aber auch wirklich zu blöd angestellt. Ist doch ganz einfach: hinten kreuzen und vorne knoten. »Du siehst aus wie ich vor ein paar Tagen!«, sage ich lachend. Schneider lächelt. Hochschwanger wölbt sich seine Winterjacke. Hat es die Kleine warm genug? »Lass mich mal nachsehen«, sage ich und fasse unter Jacke und Tuch nach ihren Händchen. Doch, sie sind warm.
Schneider schließt die Jacke, wir gehen los.
Bekommt sie Luft? »Lass mich mal nachsehen, ich denke, du solltest die Jacke etwas öffnen, nicht dass sie erstickt!«, sage ich.
Schneider öffnet den Reißverschluss. Sie atmet friedlich.
Wir erreichen den See. Graues Wasser, grauer Himmel. Unser Kind braucht aber Licht, haben die Hebammen gesagt. Eingepackt in Jacke und Tuch bekommt sie gar nichts ab. »Wir sollten wenigstens ihre Händchen an die frische Luft lassen.«
Schneider holt ein Händchen aus dem Tuch.
»Sie ist so still. Schau mal nach, ob alles in Ordnung ist!«, sage ich besorgt.
Er blickt genervt: »Sollte ich vielleicht besser rückwärts laufen, wegen der Erdströme? Oder ein Mantra singen? Womöglich klopft mein Herz zu laut für unser armes Kind. Es ist sowieso viel zu gefährlich am See! Womöglich kackt ein Vogel direkt auf unser kleines Glück, denk nur an den Grippevirus ...!«
Schon gut! Männer sind einfach keine Mütter!

Ich stehe in der gemeinsamen Waschküche im Keller unseres Mietshauses. An der Wäscheleine hängen die gigantischen Trainingshosen unseres Amerikaschweizers, und ich knipse die winzigen Bodys meiner Tochter nebendran. Was für ein Bild! Rührend! Der Grizzly und das Zaubermäuschen, deren Body so groß wie seine Hosentasche ist! Und alle haben mal so klein begonnen, passten in winzige Strampelanzüge, waren sabbernde, schreiende, süße Sternschnuppen.

Zaubermaus, ganz groß

Ich ziehe den roten Pyjama aus dem Wäschekorb. Unsere Waschfrequenz hat seit der Geburt zugenommen. Als ich heute Morgen ins Büro wollte, meinte Schreiber: »Ich würde an deiner Stelle den Pulli wechseln. Milchflecken auf der Schulter sehen nicht wirklich gut aus.«
Stimmt. Und sie sind überall. Denn Zaubermaus speit zu jeder Tageszeit auf alles Mögliche. Was eine üble Verschwendung ist, wenn ich bedenke, welche Mühe Schreiber hat, ihre Milch unserer Zaubermaus einzuflößen.
Denn die beiden sind wahnsinnig hektisch: Schreiber stillt stets in der verzweifelten Angst, die Kleine sei am Verhungern, und sie wiederum schnappt wie ein zappeliger Fisch nach der Brustwarze, als würde die Quelle gleich versiegen.
Ruhe wäre angebracht, denke ich jeweils und sage stets: »Keine Panik, sie wird schon groß werden.« Mein Blick fällt noch einmal auf die Trainingshose. »Einfach nicht zu groß«, denke ich.

Was für ein Bild: Das Baby suckelt zufrieden an Mamas Busen, es schmatzt und strahlt, und die Mama strahlt auch, weil Stillen ja sooo viel Spaß macht.
Dachte ich.
Macht es aber nicht. Es tut höllisch weh! Meine Brustwarzen sind entzündet. Sie haben sich noch immer nicht richtig an ihre Aufgabe gewöhnt und zeigen bereits Risse. Unsere Kleine suckelt sich halb schlapp, schläft vor Erschöpfung dauernd ein. Die Milch tropft in der Zwischenzeit alles nass, denn mein Busen produziert Nahrung im Überschuss. Ich kitzle die Kleine wieder wach und will sie weiterstillen – unsere Tochter hat bisher noch nicht genügend Nahrung zu sich genommen, finde ich, außerdem spuckt sie die Hälfte davon jeweils wieder in hohem Bogen heraus. Trink, Kleine, trink!
Und auch ich habe Durst. Schneider hat mir wieder mal kein Glas Wasser hingestellt. Wo bleibt er eigentlich? Die Kleine brüllt wie am Spieß, verschluckt sich dauernd.
Ich schwitze, halte mein Baby im Arm und verspanne mich dabei im Nacken. Das Stillkissen rutscht mir dauernd weg. Alles tut weh! Mir kommen die Tränen. Stillen ist die natürlichste Sache der Welt. Warum macht es mir die Natur so schwer? Warum hat mir vorher keiner gesagt, dass Stillen Schwerstarbeit ist?
Und warum braucht Schneider derart lang, um ein paar winzige Strampelanzüge aufzuhängen?

Baby-Festspiele

ER

Unsere Stube ist voller Leute.
Schreibers Schwester ist da, ist mit ihren zwei Kindern im VW-Bus extra für einen Tag von München nach Zürich gefahren. Der Patenonkel unserer Zaubermaus sitzt ebenfalls am Stubentisch, zusammen mit seiner Frau und einem großen, zotteligen Hund. Und auf dem Sofa sitzt die ganze Familie eines Bekannten, der zufällig in der Nähe war und uns überraschen wollte.
Ich stehe in der Küche und dünste tiefgefrorenen Spinat in einer Pfanne. Auf dem Schneidebrett zerkleinere ich eingelegte getrocknete Tomaten und würfle griechischen Schafskäse. Alles vermengt ergibt das die Füllung für die Blätterteig-Jalousien, die ich in etwa einer Stunde unseren Gästen servieren werde.
Ich nehme einen Schluck Weißwein und denke darüber nach, was die Hebammen aus dem Geburtshaus uns auf den Nachhauseweg mitgegeben hatten: »Bewirtet keine Gäste und lasst euch statt Teddybären lieber tiefgefrorene Lasagne schenken. Auch wenn es am Anfang nicht danach aussieht: Ihr werdet an eure Grenzen kommen!«
Ich blicke mich in der Küche um: Die Geschirrberge sind in den letzten Tagen nicht kleiner geworden, und meine Kocherei hinterlässt auch überall Spuren. Aber: Man soll die Feste feiern, wie sie fallen.
Und morgen ist Sonntag – was wir heute nicht mehr aufräumen, machen wir morgen.
Wo ist da das Problem, liebe Hebammen?

»Hast du schon in die Küche geschaut«, frage ich Schneider, als er von seinem Spaziergang mit Zaubermaus zurückkehrt.

»Ja – aber ich konnte noch nicht putzen und aufräumen, weil ich stattdessen ja mit der Kleinen in den Park spazieren gegangen bin, damit du ausschlafen kannst.«

Dicke Luft! Schneiders Schuld. Denn als ich am Morgen in die Küche trat, fand ich keinen sauberen Topf, um Wasser für einen Himbeerblättertee zu kochen. Stattdessen überall schmutzige Teller mit Resten der Blätterteigteile, die Schneider gestern in einem Anfall von Übermut gebacken hatte, schlappe Salatblätter und einige leere Weinflaschen – deren Inhalt Schneider nahezu allein getrunken hat, wie mir scheint.

Seine Kochorgie war das eine. Schlimmer noch war, dass die Familie seines Bekannten einfach nicht gehen wollte. Mir fielen fast die Augen zu, und die blieben einfach sitzen!

Schneider drückt mir die Kleine in den Arm und holt mich in die Gegenwart zurück: »Ein kleines Dankeschön wäre angebracht. Die Küche bringe ich jetzt in Ordnung. Wo ist da das Problem?«

»Das Problem ist, mein Lieber, dass wir heute waschen wollten. Und das Klo wieder einmal putzen. Und wenigstens im Schlafzimmer mal saugen, und duschen! Ich müffle wie ein Iltis! Aber statt das Chaos zu verringern, machst du noch mehr Chaos!«

»Nein. Ein tolles Willkommensfest für unsere Tochter!«

Die Küche ?

Kein Problem!

E
R

Die Bisonherde

Wir haben eine kleine Küche, drei Meter lang und zwei breit. Sie hat ein Fenster, und alle acht Schritte schaue ich aus diesem Fenster in den Innenhof. Vier Schritte zur Tür, vier Schritte zurück zum Fenster, immer wieder. Im Innenhof ist es öde, nur eine verrostete Teppichstange und einige Sträucher, aber es ist sowieso dunkel. Ich streichle mein Kind, das ich im Tragetuch vor dem Bauch habe und überlege, ob ich doch in den Park soll. Oder an den See? Es ist verdammt früh, ich bin verdammt müde, und ich frage mich, verdammt noch mal, warum unser Baby nicht einfach in seinem Bettchen schläft, sondern nur an Schreibers Busen oder im Tragetuch. Also mache ich Kilometer in der Küche, denn wenn ich stehen bleibe, brüllt die Kleine los.

Ich höre, wie der Amerikaschweizer, der über uns wohnt, nach Hause kommt. Halb fünf. Der Typ ist ein Riese, und wenn er über den Holzboden poltert, klingt das wie eine Bisonherde auf der Flucht vor Indianern. Ich höre, wie er die Spülung im Klo zieht. Nach einigen Dutzend Längen in unserer Küche spült es erneut. Ach? Und 40 zurückgelegte Meter später stelle ich fest: Er ist nicht allein. Kurz danach klingt es, als würden die Indianer in die Bisonherde schießen, denn eines nach dem andern fällt hin. Bum. Bum. Bum.

Das erinnert mich an fidelere Zeiten – und die sind unerreichbar weit weg.

Ich glaube, ich geh in den Park.

»Jaaaaaa!!!«
Na endlich! Jetzt ist hoffentlich Ruhe. Unser Nachbar scheint Frauen zu mögen, die laut sind.
Ich liege völlig geschafft unter meinem Kopfkissen. In diesem Haus ist einfach zu viel Lärm. Ich habe genug davon, seine Klospülung in der Wand rauschen zu hören. Ich will auch nicht mehr wissen, dass er so gut ist wie kein anderer. Was die Mädels ihm zwischen den Laken zukeuchen, völliger Quatsch! Aber Männer hören so was wohl gerne und glauben dieses Gesäusel dann auch noch.
Ich habe die Nase langsam voll von unserer Altbauwohnung mit Stuckdecke und ächzendem Parkettboden. Ich will eine schallisolierte Wohnung. Und vor allem keinen testosterongetriebenen Nachbarn!
Draußen knarzt der Boden. Schneider dreht mal wieder die Morgenrunde. Lieb von ihm, damit ich schlafen kann. Wenn ich bloß könnte!
Ich stehe auf, er schaut mich erstaunt an: »Was, du bist wach?«
»Ich komme mit dir!«
Dank unserem potenten Nachbarn verbringen wir den Tagesanfang zu dritt im Park. Saukalt, aber romantisch.
»Wir müssen uns eine andere Wohnung suchen«, sage ich. Mein Liebster nickt lange: »Das denke ich auch. Ich finde, wir ziehen am besten aufs Land.«
In die Provinz? Womöglich, wo er herkommt?
Also so laut ist unser Nachbar nun auch wieder nicht.

S
I
E

Es gibt die Schnellen, die die Geburtsanzeige bereits am Tag nach der Niederkunft verschicken. Unsere Tochter ist nun vier Wochen alt. »Wir sollten die Anzeige machen, bevor unsere Kleine zur Schule geht«, sage ich ungeduldig.

Schneider grinst doof und nickt: »Rosa vielleicht?«

»Wir haben meinen Bauch jeden Monat fotografiert, wie wär's mit so einem Motiv?«

»Sehr originell, haha.«

Ich weiß, die Leute wollen das Kind sehen. Die Superkreativen machen ja richtige Kunstwerke. Wir bekamen mal einen Spielzeug-Fotoapparat mit eingebauter Diaschau zugeschickt: Klick: Kind am Busen; klick: stolze Eltern; klick: Kind beim Schlafen. War bestimmt sauteuer. Wir ticken da anders. Sparsamer.

»Wie viele Anzeigen brauchen wir eigentlich?«, will Schneider wissen.

Familie, Freunde, Bekannte, jeder in meiner früheren Redaktion, denn alle sollen sehen, dass ich deutlich mehr kann, als bloß Texte über Designmöbel zu schreiben ...

Es fehlten die Worte

»Sehr viele«, sage ich deshalb.

Schneider runzelt die Stirn: »Wir müssen die Karten drucken lassen, das kostet allerhand ...«

– »Quatsch, wir machen Kopien.«

– »KOPIEN?! Spinnst du? Unsere Tochter hat eine anständige Geburtsanzeige verdient und keinen Ramsch!«

Ach, mein kleiner Schweizer. Will alles perfekt machen. Vielleicht sollte ich das Ganze selber in die Hand nehmen, denke ich, als Schneider schon wieder doof grinst und sagt: »Ich will dir was zeigen.«

Die Überraschung ist geglückt. »So schön!«, sagt meine Liebste, strahlt und liest laut vor: »›Drei Dinge sind uns aus dem Paradies geblieben: Sterne, Blumen und Kinder.‹ – Fantastisch, Liebster, so etwas würde mir nie einfallen!«

Mir auch nicht. Der Satz stammt von Dante Alighieri, aber wer kennt schon Dante Alighieri, und Eros Ramazotti hat zum Kinderbekommen nichts Schlaues gesagt, also habe ich die Quellenangabe einfach mal weggelassen. Selber getextet habe ich dafür, was Schreiber jetzt vorliest: »Alma – 51 cm, 3200 g – kam frühmorgens im Geburtshaus Delphys sanft zur Welt. Wir sind sehr dankbar, glücklich und verliebt.« – »Ach, Liebster!«, seufzt Schreiber, und ihre Augen werden wässrig.
Ich muss an die Anzeige von Heinz und Manu denken, unseren Architektenbekannten: Auf deren Karte waren neun Zehntel eines Le Corbusier-Sessels zu sehen und ein Zehntel Babyausschnitt. Eine Karte, die so viel Wärme ausstrahlte wie das Betonhaus, das Heinz für seine Familie gebaut hat. Dagegen hat meine Anzeige Stil. Und je länger ich sie betrachte, umso überzeugter bin ich, dass die Leute sagen werden: »Bewegend. Treffend. Zauberhaft! Diese Anzeige vermittelt ganz und gar die Verzückung, die ein Neugeborenes auf diese Welt bringt.«
Hm! Vielleicht könnte ich richtig Geld machen, wenn ich statt Zeitungsartikel Geburtsanzeigen anbieten würde?

Endlich wieder im Büro! Ich blättere die Zeitungen durch. Muss mich informieren und Ideen sammeln. Der Konkurrenzkampf unter den freien Journalisten in Zürich ist hart, und nur derjenige mit den besten Ideen und besten Beziehungen kommt zum Handkuss, also zum Honorar.

Bei einem Artikel über den Autorennfahrer Marcel Fässler bleibe ich hängen. Ich stutze, ich blicke auf die Autorenzeile – aha, der Herr Redakteur höchstpersönlich –, ich überfliege den Text und werde stinksauer! Das war meine Idee! Die hatte ich der Redaktion bereits angeboten! Jetzt haben sie meine Story einfach geklaut! Und ich verdiene keinen müden Franken daran!

Eine neue Währung

Ich schmeiße die Zeitung zum Altpapier. Das gibt's doch nicht! Ich muss knallhart dranbleiben, sonst schwimmen mir die Felle weg. Ich hatte Schreiber zwar versprochen, möglichst viel zu Hause zu sein und sie im Wochenbett zu unterstützen. Was ich ja zur Genüge mache: Ich gehe frühmorgens mit unserer Tochter spazieren, damit Schreiber ausschlafen kann. Ich treffe in diesen Wochen keine Freunde, sondern verbringe jede freie Minute mit meiner Familie. Aber: Arbeite ich nichts, verdiene ich nichts. Vor dem Kind waren wir zu zweit und hatten zwei Einkommen. Jetzt sind wir zu dritt – und haben nur noch mein Einkommen.

Schreiber muss das verstehen: Unsere neue Währung heißt »Zeit«. Und davon brauche ich mehr!

E

R

Zum ersten Mal in meinem Leben sorgt ein Mann für mich. Ich bin Mutter und Hausfrau, er bringt das Geld heim. Klingt doch ganz okay.
Bloß macht mir das zum ersten Mal in meinem Leben ernsthaft Sorgen. Ich verdiene kein eigenes Geld. Womöglich muss ich in Zukunft »Bittebitte« zu meinem Schneider sagen, wenn ich mir ein paar schwarze Schuhe kaufen möchte. Ich bekomme also Haushaltsgeld statt Honorar. Klingt grässlich: HAUSHALTSGELD. Mir wird übel. Zur Beruhigung trinke ich einen Schluck Himbeerblätter-Tee und blättere durch die Zeitung. Der erste Teil interessiert mich nicht, will nicht wissen, dass sie sich im Nahen Osten wieder mal in die Luft sprengen. Nein, ich will sehen, was meine ehemaligen Kollegen so über das Schöne im Leben zu schreiben haben. Ich blättere mich zum Gesellschaftsteil durch. »Schweizer Designer erobert Berlin!« – Ha, ich hatte Thea vor einiger Zeit davon erzählt. Nun hat sie ihn getroffen, dabei kenne ich diesen Designer viel besser als sie!
Egal!
Eben nicht egal! Ich sitze hier in Schlabberhosen, trage Stilleinlagen, habe ungewaschene Haare und verdiene nichts. »Genieße die Zeit, arbeiten kannst du noch dein ganzes Leben«, flüstert eine freundliche Stimme in mir. Eine andere brüllt zurück: »Ich will Erfolg, Anerkennung, Geld!«
Zum ersten Mal in meinem Leben bin ich »nur« Mutter und Hausfrau. Kein einfacher Job!

»Was machst du hier?«, flüstert meine Liebste, die mir in der dunklen Diele entgegenkommt.

»Ich muss mal.«

»Ach, auf deine Blase hörst du! Aber wenn unsere Kleine schreit, dann hörst du nichts?«, flüstert sie.

Na super! Genau diese Diskussion habe ich mir nachts um halb drei gewünscht!

Dabei gehen wir uns nachts so gut wie möglich aus dem Weg: Die Kleine schläft in ihrer Wiege im Wohnzimmer, Schreiber im Ehebett und ich im Arbeitszimmer auf einer Matratze am Boden. In dieser Verteilung kommen wir im Augenblick alle zu möglichst viel Schlaf.

Ich sage: »Normalerweise wache ich immer auf – aber du bist ja stets gleich bei ihr. Was soll ich mich eine Minute später neben dich stellen?«

»Du könntest mir einfach zeigen, dass du da bist«, antwortet Schreiber.

Hart oder weich?

»Wozu? Bin ja da. Und ich kann nun mal nicht stillen! Zudem finde ich, dass du sie auch mal eine Weile meckern lassen kannst! Du verwöhnst die Kleine total, wenn du bei jedem Piepser hinrennst!«

»Ah, ja? Du würdest unsere Tochter also einfach schreien lassen!«, sagt sie, diesmal nicht mehr im Flüsterton.

»Nun ja, ich warte einfach einen Tick länger!«

»Einen Tick? Sind Minuten ein Tick?! Außerdem weint ein Kind nie ohne Grund!«

»Doch!!«

»NIE!«

»PSSST, NICHT SO LAUT!«

»UÄÄHHH!!!« Die Kleine brüllt los.

Das haben wir davon! Mir schießt schon wieder die Milch ein, wie immer, wenn unsere Tochter weint. Und Schneider spielt sich auf wie Mister Superpapa!

Ausgerechnet nachts um drei bahnt sich ein grundlegender Erziehungs-Kampf an: Ich vernünftig – er hart. Er meint im vollen Ernst, ich würde unsere Tochter verwöhnen! Als würde ein Wesen, das seit zwei Monaten auf dieser hektischen, grellen, lauten Welt lebt, schon völlig berechnend seine Ernährer manipulieren! Wie kann man nur so blöd sein! Schneider hat irgendwelche seltsamen Macho-Männerfantasien, gemäß denen alles ein Konkurrenzkampf ist, bei dem nur der Cleverste gewinnt, selbst wenn er gerade erst geboren wurde!

Ich merke, wie verdammt wütend ich bin: »Du stellst mich dauernd hin, als sei ich eine nervige Glucke, eine hysterische Übermutter! Dabei spüre ich einfach, was unsere Tochter braucht!« Schneider sagt keinen Ton. Typisch! Und bevor ich gleich zu Zaubermaus wetze, muss ich die Dinge klarstellen: »Ich sage dir mal was: Wenn die Kleine weint, dann tröste ich sie. Das hat nichts mit Verwöhnen zu tun! Vielleicht erinnerst du dich an den Spruch unserer Hebamme: ›Bis zehn Kilo keine Erziehung!‹.«

»Und vor sechs Uhr morgens keine Erziehungsdiskussionen, bitte sehr«, sagt Schneider, »außerdem muss ich mal!«

Und du kannst mich mal!

Ich muss mal!!
Und du

annst mich mal!!
UÄÄÄÄA

ER

Geräuschvolle Geschenkeberge

Der Postbote überreicht mir das Paket. Ein Paket aus Italien. Ich habe eine Ahnung – und Schreiber hat Prinzipien. Sie wollte zum Beispiel nie einen Mann, der Unterhemden trägt, Formel-1-Rennen schaut und die Provinz liebt. Sie hat mich trotzdem genommen, und dafür liebe ich sie.

Ich trage das Paket hoch und blicke auf den Absender: Meine Tante Ida aus dem Friaul hat es geschickt, meine Lieblingstante. Ich lächle.

Aus Prinzip will Schreiber möglichst pädagogisch wertvolles Spielzeug aus Holz, das im besten Fall in einer Behindertenwerkstatt hergestellt wurde. Dass diese Spielsachen manchmal absolut nicht zum Spielen taugen, ist ihr völlig egal. »Dafür sind sie mit Farben angemalt, die man sogar essen könnte«, erklärte sie mir einmal. Na und? Spielzeug muss man schließlich nicht essen!

Ich gehe in die Küche, nehme ein scharfes Messer und schlitze den Karton auf. Ich weiß, dass das, was ich auspacke, den Ansprüchen Schreibers nicht gerecht werden wird. Dafür kenne ich meine temperamentvolle Tante zu gut. Und ich kenne sie auch gut genug, um zu wissen, dass Zia Ida genau den Geschmack unserer Tochter treffen wird. Denn Tanten aus Italien wissen, worauf es ankommt: Spielzeug muss groß sein, Geräusche machen und glitzern!

Ich öffne die Schachtel und schaue rein. Ja, so etwas in dieser Art habe ich mir vorgestellt ...

Eine Rassel. Sobald man sie schüttelt, blinken Lichter. Aber wehe, man lässt sie fallen – dann macht sie einen fiesen Ton, im Stil: »Heb mich sofort wieder auf und fuchtel wild mit mir herum, sonst drehe ich durch und jaule dich in Grund und Boden!« Wir haben sie von Zia Ida und Zio Renzo bekommen.

Schneider lacht, er hat damit weniger Mühe, ist ja selbst ein halber Italiener. Bei unserer letzten Reise ins Friaul konnte ich ihn knapp davon abhalten, auf einem Markt ein pinkfarbenes Plüschkissen zu kaufen, das »Amore« rief, wenn man es knuffte. In Italien würde unsere Babyrassel wahrscheinlich auch niemanden stören, weil dort die Fernseher sowieso lauter dröhnen als sämtliche »Doiiingdoiiings« miteinander.

Doch mein Mann weiß, dass ich Mühe mit diesem Geschenk habe und meint beschwichtigend: »Wir könnten die Batterien rausnehmen.« – »Wir könnten das Teil auch verschwinden lassen.« – »Können wir nicht, denn wenn die beiden uns besuchen, muss die Rassel in Betrieb sein. Stell dir vor, wie enttäuscht sie wären.«

Er hat Recht. Die Rassel bleibt also.

Ebenso der gigantische Plüschelefant, den uns ein ehemaliger Bürokollege geschenkt hat. Seine Bemerkung: »Ich habe mich sofort in dieses Riesentier verliebt, ich hoffe, ihr nehmt mir das nicht übel.« Nein, tun wir nicht, denn wenigstens macht dieses Monster keinen Krach.

Sturm ums Wasserglas

SIE

Stillen ist noch immer schwierig. Ich sitze stundenlang mit unserer Tochter auf dem Sofa. Sie trinkt in winzigen Portionen und schläft dauernd dabei ein. Ich versuche, einen Rhythmus hinzukriegen, aber eigentlich stille ich den ganzen Tag. Denn kaum ist sie satt, schwappt alles oben wieder raus. Schneider kommt nach Hause. Immerhin zieht er seine Schuhe in der Diele aus und wäscht sich sogar die Hände. Ich mag einfach keinen Stadtdreck mehr in der Wohnung haben. Er ruft: »Na, wie geht's meinen Süßen?«

Beschissen, denke ich und rufe: »Okay, bin grad beim Stillen.«

Ist es das, was ich wollte? Meine Tage alleine zu Hause mit dem Baby verbringen und dabei nicht einmal telefonieren zu können, weil ich es nicht schaffe, Kind und Hörer gleichzeitig zu halten? Auch Lesen geht nicht: Ich halte mit der einen Hand das Köpfchen und mit der anderen ein Silikonhäubchen an meine Brust, damit unsere Tochter besser trinken kann. Sobald ich mich bewege, rutscht erst das Hütchen ab, dann die Kleine. Ich fühle mich wie angekettet.

Und habe Durst!

Er tritt ins Wohnzimmer, verteilt Küsse: »Ich geh dann mal in die Küche und mach uns was zu essen.«

Ob er dran denkt, mir vorher ein Glas Wasser zu bringen? Schneider stellt in der Küche das Radio an, pfeift zufrieden und hat mich längst vergessen.

Es ist zum Heulen. Und genau das muss ich jetzt schon wieder.

Dicke Luft. Ich habe vergessen, Schreiber ein Glas Wasser hinzustellen, als sie vorhin gestillt hat. Nun ist das Baby im Bett, es schläft – oh Wunder –, und ich ziehe mich kurz mit der neuen Ausgabe von »Motorsport aktuell« auf die Toilette zurück. Nur fünf Minuten oder zehn, bevor ich dann in der Küche Geschirr abwasche. Kaum hab ich mich hingesetzt, geht die Tür zum Badezimmer auf: »Du vergisst immer, mir ein Glas Wasser hinzustellen!«, sagt Schreiber. Ich lege die Zeitung weg.

»Das hast du vorhin schon gesagt. Tut mir leid«, sage ich.

»Es kann doch nicht so schwer sein, an ein Glas Wasser zu denken! Ich habe es dir bestimmt schon hundert Mal gesagt!«

Ja. Sogar tausend Mal!

Und eigentlich hätte ich gern tausend Mal erwidert, dass es wohl nicht so schwierig sei, sich selber ein Glas Wasser einzuschenken, als sie plötzlich losheult: »Du denkst überhaupt nicht an mich, du bist tagsüber draußen, du bist unter Leuten, du kannst in aller Ruhe essen oder mal telefonieren, und wenn du nach Hause kommst, DANN SETZT DU DICH MIT DIESEM SCHEISSBLATT AUF DIE SCHÜSSEL!«

Sie knallt die Tür zu und geht ins Wohnzimmer. Ich höre sie weinen. Ich falte die Zeitung zusammen, stehe auf, denn das Geschäft ist ins Stocken geraten, ziehe die Hosen hoch, schnalle den Gürtel ruckartig eng und gehe in die Küche, um endlich diese verdammte Sauerei aufzuräumen.

SIE

Manu ist am Draht. Sie ist völlig fertig: »Wir trennen uns!«

Mir fällt fast der Hörer aus der Hand. »WAS?« Dann war das also doch ernst gewesen, als sich Manu neulich an einem Nachmittag bei mir ausgeheult hatte. Das schlechte Gewissen macht sich blitzartig in mir breit, war ja nicht gerade verständnisvoll gewesen.

Manu erzählt mit stockender Stimme: »Heinz ist wie verwandelt. Er arbeitet jeden Abend bis spät, meckert dauernd an mir rum. Mal bin ich zu lasch mit der Kleinen, mal zu forsch mit ihm.«

Sie stockt. Meine Eltern haben sich getrennt, als ich dreizehn war – von daher bin ich nicht ganz unbelastet. Sie holt Luft: »Und dann ist der Sex so ein großes Thema, das heißt, eigentlich ist er kein Thema. Ich kann einfach nicht. Kein Bedarf, null. Und Heinz ist eifersüchtig auf unsere Tochter. Das ist doch nicht normal! Wenn ich mit Leonie schmuse und sie süß lacht, wird er muffig!«

Manu trennt sich

Ich halte kurz den Atem an. Zum Glück hat mein Liebster in dieser Beziehung noch keine Mühe. Wir schmusen zurzeit wie die Turteltäubchen – wenngleich vor allem mit unserem Töchterchen. Auf mehr habe ich auch nicht wirklich Lust.

Ich höre Manu sagen: »Ihr habt es gut! Bei euch spürt man, dass ihr euch noch was zu sagen habt, dass ihr einander zuhört.«

Ich nicke. Danke für den Hinweis! Schneider, heute Abend wird geredet!

Schreiber sitzt auf dem Gymnastikball und hopst. Und sie hält die Kleine, die wieder mal nicht schlafen will, im Arm. »Ja, sie werden sich mal auf Zeit trennen, hat Manu gesagt. Aber sie klingt, als würde sie nicht mehr daran glauben.«

»Es gibt schon miese Typen«, sage ich. Gleichzeitig denke ich, dass ich zu den Guten gehöre.

»Du bist nicht etwa eifersüchtig auf unsere Kleine, oder?«

Ich schüttle den Kopf. Gleichzeitig denke ich, dass es sehr schön wäre, wenn sie auch mich mal wieder an ihre Brust ließe.

»Manus Mutter kommt jetzt und hilft ihr. Heinz ist schon ins Hotel, konnte ihm gar nicht schnell genug gehen.«

Die Kleine beginnt zu meckern, diese Hopserei scheint ihr nicht zu gefallen. Schreiber wartet kurz ab, dann wirft sie mir einen verschwörerischen Blick zu und geht raus ins Treppenhaus. Das beruhigt unsere Tochter. Treppe hoch, Treppe runter, keine Ahnung, warum ihr das guttut.

Dieser Heinz ist zwar ein mieser Typ, was ich ja schon von Anfang an gedacht hatte, aber ein klitzekleines bisschen verstehe ich ihn: Das Leben mit Kind ist auch schwierig. Schreiber zum Beispiel ist anders als früher. Müde, hektisch und ängstlich. Und nie kann ich es ihr recht machen. Ich stehe auf und gehe ebenfalls ins Treppenhaus.

»Soll ich übernehmen?« Schreiber lächelt und gibt mir unsere Tochter.

Scheinbar war's für diesmal das Richtige.

Ich sitze auf dem Sofa und telefoniere mit meiner Mutter. Seit ich Mama bin, denke ich oft daran, wie es wohl für sie damals war mit mir als Baby.
»Hab ich auch so viel geweint?«
»Nein, überhaupt nicht. Du hast nur alles vollgekotzt.«
»Ah, daher hat das also unsere Tochter.«

Im Treppenhaus

»Aber es gab Tage, da konnte ich dich keine Sekunde alleine lassen. Da wolltest du einfach herumgetragen werden.«
»Kenn ich!« Draußen höre ich meinen Liebsten die Treppen steigen.
»Mama, es ist irgendwie seltsam, aber ich mache mir in letzter Zeit so viel Sorgen. Ich habe Angst, denke an den Tod. Ganz grässlich. Ich verscheuche diese schlimmen Gedanken, so gut es geht.«
Sie sagt: »Das ist ganz normal. Mit einem Kind kommt auch die Angst auf die Welt.«
»Ich kann keine Nachrichten mehr schauen, weil die Welt so brutal ist. In der Zeitung lese ich nur noch den Kulturteil, da schlagen sie sich wenigstens nur auf der Bühne tot. Ich renne zig Mal an das Bettchen unserer Kleinen – atmet sie noch? Geht es ihr gut? Verrückt, gell?«
»Sybilchen ...« – meine Mutter nennt mich Sybilchen, seit ich erwachsen bin – »... du musst deine Angst in den Arm nehmen.«
»Wie bitte?«
»Ja! Versuche es mal! Sag zu deiner Angst: Komm her, es kann dir nichts passieren, ich pass auf dich auf.«
Meine Mutter lebt in einer anderen Welt.
Ist aber nicht die schlechteste Welt.

SIE

Unser Treppenhaus hat 75 Stufen. Stufe 12 hat einen Sprung. Bei Stufe 47 wäre ich fast auf die Schnauze gefallen. Unsere Wohnung erreicht man nach 39 Stufen.

Ich passiere zum vierten Mal unsere Wohnung und horche an der Tür. Schreiber telefoniert mit ihrer Mutter, die schon ein halbes Leben lang Buddhistin ist. Von ihrer Warte aus gesehen machen wir, besser gesagt ich, so ziemlich alles falsch, und deshalb ist es mir nicht unangenehm, dass sie zehn Autostunden weit weg wohnt. Auf diese Distanz hin finde ich es auch okay, wenn sie telefonisch alles besser weiß. Abgesehen davon, dass sie gewisse Dinge vermutlich wirklich besser weiß, da sie ja selber drei Kinder hat.

Unten geht die Tür auf. Ich höre jemanden keuchen, dann taucht der Amerikaschweizer in seinem schwarzen Trainingsanzug und seiner schwarzen Strickmütze auf. Sieht ein wenig aus wie der Anführer einer Kommandotruppe. »Hi«, dröhnt er los und hält mir seine Pranke hin: »Ich heiße Bob.« Ich denke, ein Kampfpanzer wäre leiser, und meine Tochter, eben erst ruhig geworden, kräht schon wieder los. Bob kommt näher, schaut ins Tragetuch, sagt: »Tschiises, ist die süß!« Er grinst mich an und meint: »Komm doch morgen mal mit zum Joggen«, dann nimmt er vier Stufen auf einmal – 40 bis 43 – und ich frage mich: »In was für einer Welt lebt der?«

Wir spurten los. Ich erkläre Bob, dass ich keine Kondition hätte. Mein einziges Fitnessprogramm sei, im Treppenhaus rauf und runter zu steigen.
Bob lacht: »Ja, ja, kein Problem. Ich bin ja auch nicht der Sportlichste.«
Er tätschelt seinen Bauch.
Wir nehmen Tempo weg und traben zum See. Herrlich. Mir kommt es vor, als wäre ich seit einer Ewigkeit nicht mehr rennen gewesen. Dabei ist es nur ein paar Wochen her. Wochen wie Jahre!
Ich bin außer Atem, Bob ist in Plauderlaune: »Weißt du, ich finde es toll, dass jetzt ein Kind im Haus ist. Ich höre die Kleine jede Nacht, die hält euch ganz schön auf Trab.«

Ach, auch er kann uns hören?
»Ist schon anstrengend so ein Leben mit Kind«, fährt er fort. »Irgendwann möchte ich auch mal Familie, aber da lasse ich mir noch Zeit. Weißt du – ich brauche meine Kraft im Moment ganz für mich.«
Das weiß ich. Höre ich Nacht für Nacht.
Bob redet weiter: »Ich möchte ja nicht aufdringlich sein, aber wenn ihr mal eine Pause braucht, kann ich auf die Kleine aufpassen. Ist eine Umstellung, plötzlich Eltern zu sein! Ich habe drei Patenkinder – also Erfahrung.«
Wie bitte? Ausgerechnet er bietet uns seine Hilfe an? Dieser Bulle mit Bauchrolle aus dem dritten Stock als Babysitter?
Ich denke daran, was ich mit Schreiber anstellen könnte, wenn wir alleine wären, und sage:
»Ja, warum eigentlich nicht?«

»Wie bitte? Ausgerechnet dieser Weiberheld will unsere Tochter hüten? Wir kennen ihn doch gar nicht.« Ich schüttle den Kopf.

»Na, das stimmt nicht, immerhin weißt du einiges über sein Liebesleben«, unterbricht mich Schneider.

Mein Liebster hat immer noch rote Backen, er sprüht vor Energie: »Es wär doch schon was, wenn wir nur mal in aller Ruhe am Nachmittag einen Kaffee trinken gehen würden. Oder so. Nur wir zwei!«

»Das wär was. Stimmt! Aber ich gebe unsere Tochter nicht einfach in fremde Hände. Noch dazu in die Hände eines dicklichen Amerikaners, der das Liebesleben eines Karnickels führt und im Treppenhaus pfeift.«

»Ich pfeife auch«, erwidert Schneider.

Stimmt, nervt mich ja auch bei ihm, aber das sage ich jetzt nicht.

Schneider erzählt, dass Bob völlig locker sei und immerhin der Erste in unserer Nachbarschaft, der uns solch ein verführerisches Angebot gemacht hat.

Da hat er Recht. »Aber er ist ein Mann – und da liest man ja ganz schauerliche Dinge über manche Typen«, werfe ich ein.

In dem Moment klingelt es. Ich öffne.

Bob: »Ich wollte dir nur sagen, dass du dir keine Sorgen machen musst, ich bin kein Sexualverbrecher oder Kinderschänder. Dachte einfach, dass ihr vielleicht mal allein Kaffee trinken gehen wollt oder so.«

Entweder kann er Gedanken lesen oder unser Haus ist noch viel hellhöriger, als ich dachte.

Ich kann ja mal auf die Kleine aufpassen.

Schreiber hatte sich geschminkt, die Schlabberklamotten, die sie sonst trägt, ausgetauscht durch chice Schlaghosen, trug statt Birkenstockschuhe nun Stiefel mit hohem Absatz. Sie sah gut aus. »Du rufst mich sofort an, wenn etwas ist, versprich mir das«, sagte sie mindestens drei Mal, während ich mit der Kleinen im Arm zusah, wie sie in den Spiegel blickte und die Haare unter ihrem Hut hinter die Ohren strich. »Versprochen«, antwortete ich und wusste, dass ich garantiert nicht anrufen würde.

Sushi auf den Stufen

ER

Schließlich ist das eine Frage des Stolzes, drei Stunden mit der kleinen Tochter allein zurechtzukommen!

Das war vor zwei Stunden.

Seither wollte ich 30 Mal anrufen. Denn kaum war Schreiber aus der Tür, legte Zaubermaus los, und ihr Schreien war selten so zutiefst verzweifelt, herzerweichend und ohrenbetäubend. Ich stieg Treppen – was meistens hilft. Ich habe sie ausgezogen und am ganzen Körper geföhnt – was praktisch immer hilft. Aber jetzt, jetzt habe ich zum Äußersten gegriffen, was noch jedes Mal half: Ich kurve seit einer halben Stunde mit dem Auto durch die Gegend.

Normalerweise schläft sie im Auto innerhalb von Minuten ein.

Normalerweise.

Normalerweise würde ich deshalb garantiert nicht anrufen, denn ich habe einen gewissen Stolz.

Und normalerweise würde ich deshalb auch nie auf diesen Feldweg abbiegen und den Wagen anhalten, um zum Handy zu greifen.

Ich kann mich einfach nicht entscheiden: Futomaki, Kampyomaki oder doch besser eine California Roll? Manu lächelt schwach und klärt mich auf, dass Ingwer die Milch parfümiere, dass japanischer Meerrettich viel zu scharf sei und dass Soja-Sauce Allergien auslösen könne.

»Sushi sind nicht wirklich ideal für stillende Mütter«, sagt sie und bestellt sich eine Platte Tokio-Dreams mit einer Extraportion Ingwer.

»Was soll's«, finde ich und frage mich, wie sich Japanerinnen nach der Geburt ernähren. »Stillen die überhaupt?«

Der Kellner nickt.

Manu kichert. Schön, auch sie soll einen lustigen Abend haben!

Ich gebe ihr einen Knuff: Am Ende der Theke sitzen zwei ziemlich attraktive Typen. »Prösterchen!«, rufe ich und gönne mir zur Feier des Tages ein Kirin, denn Bier regt bekanntlich die Milchproduktion an. »Von einem Schlückchen wird mein Baby schon keinen Schaden bekommen.«

Dann lege ich mein Handy neben die Holzstäbchen: »Für alle Fälle.«

Was sofort der Fall ist.

Schneider klingt verzweifelt. Unsere Tochter ebenfalls.

Ich seufze.

Manu ruft den Kellner, der wetzt in die Küche und bringt uns zwei hübsche Schachteln mit. Zehn Minuten später sind wir zu Hause.

Schneider zuckt mit den Schultern: »Sie ist während des Parkens eingeschlafen.«

Statt Weiberabend beim Japaner gibt es Sushi im Treppenhaus – mit Blick aufs Auto statt auf flotte Typen.

E R

Meine Liebste besteht darauf, dass wir im Bioladen um die Ecke einkaufen, auch wenn es im Supermarkt um die andere Ecke das Dreifache fürs Geld gibt. Unsere Kleine soll möglichst ein Naturprodukt bleiben, und deshalb achtet Schreiber darauf, was sie isst. Zumindest offiziell. Inoffiziell stopft sie sich immer wieder mal eine Tafel billige Bitterschokolade in den Mund und meint, ich würde es nicht merken.

Konsequenz ist nun mal nicht Schreibers Stärke. Das teilt sie mit den restlichen weiblichen Mitgliedern ihrer Familie. Die Männer sind da anders: Mit Vergnügen denke ich an meinen Schwiegervater, einen pensionierten Chirurgen, der am liebsten in billigen Supermärkten einkauft und jeweils lachend sagt, die Menge an Konservierungsstoffen, die in den Lebensmitteln stecke, sei in seinem Alter nur von Vorteil. Wohltuend, diese Unverkrampftheit. Und es reicht ja, wenn sich Schreiber biologisch ernährt. Denn ich stille nicht.

Keine Bohnen, bitte

Ich streichle über meinen Bauch, auf dem Zaubermaus im Tragetuch liegt und lasse den Bioladen links liegen.

Ich kaufe im Supermarkt Lamm aus Neuseeland. Das werde ich auf einem grünen Linsenbett anrichten, dazu gibt's Bohnen aus Ägypten und Tomaten aus dem Gewächshaus.

Und zur Nachspeise kriegt Schreiber dafür eine Tafel Bitterschokolade!

Der Abend beim Japaner hatte Folgen: Unsere Zaubermaus bekam Krämpfchen wie noch nie, die Ärmste. Und ich weiß nicht, ob es nun am Ingwer, der Soja-Sauce oder den Algenblättern lag.
Was ich jetzt jedoch mit Bestimmtheit weiß, ist, dass es sich nicht lohnt, mein Leben so zu führen, wie ich es will – jedenfalls nicht, so lange ich noch voll stille. Ich muss mich in kulinarischer Hinsicht besser auf meine Aufgabe einstellen. Darum werde ich ab sofort aufs Essen achten: Weiterhin Bio, so gut es geht. Aber vor allem keine Pups-Produkte. Ich nutze die Pause, während mein Liebster einkaufen ist, und schaue im Internet nach, was Stillende nicht essen können: Kiwis, die sollen die Milch bitter machen; Pilze und Paprikaschoten, die sind schwerverdaulich. Fazit nach einer Stunde www-Surfen: Milchreis mit Rosinen ist ideal für stillende Mütter. Beides gut verträglich. Beides nicht gerade meine Leibspeise. Immerhin kann ich guten Gewissens Bitterschokolade naschen: Sie macht nicht nur glücklich, sondern auch intelligent. Wusste ich's doch!
Damit auch mein Liebster weiß, was ich in der nächsten Zukunft essen werde und was nicht, schreibe ich eine Liste: Grün – geht. Rot – geht nicht.
Er kommt zur Tür herein. Unsere Tochter schläft im Tragetuch. Er hievt zwei Tüten auf den Küchentisch. Und ich sehe rot.

Gala-Dinner

E

R

Es war einmal ein Prinz, der liebte eine schöne Prinzessin. Zusammen speisten sie in prächtigen Schlössern an wundervollen Tafeln. Doch dann trat ein mächtiger Drache in ihr Leben, der sie in seine Drachenhöhle entführte und entzweite. Wenn der Drache ausflog und die Höhle verlassen war, streckten die beiden ihre Arme aus, und manchmal, nicht immer, berührten sich ihre Finger. Sie reckten sich noch mehr und manchmal gelang es ihnen, einander wieder ganz nah zu kommen, so nah wie früher. In diesen Momenten war es so, als gäbe es keinen Drachen.

Unsere kleine Zaubermaus – ein Drache? Nein, ich muss ein anderes Gleichnis suchen, denke ich, während ich die Speckscheibe um die Bohnen wickle, die meine Liebste nicht essen wird. Trotzdem, das wird ein Festessen heute Abend! Dafür mache ich aus der Bitterschokolade für sie einen Nachtisch, der ihr Herz betören wird: feinste, schaumige Mousse au Chocolat. Die Flasche Wein habe ich bereits entkorkt, einen im Eichenfass gereiften Blauburgunder vom Ziereisen, und da Schreiber immer noch stillt, werde vor allem ich mich daran gütlich tun. Schreiber duscht derweil und Alma ruht im Tragetuch vor meinem Bauch. Mein Auftrag: Sie herumtragen und wiegen, bis sie tief und fest einschläft.

Damit der Drache ausfliegt!

Und Prinzessin und Prinz zusammenkommen können!

Ich freue mich auf diesen Abend, als wäre es unser erstes Rendezvous – auch wenn es in unserer kleinen Küche stattfindet.

Ich dusche in aller Ruhe.

Dann ziehe ich mir meinen schwarzen Rock mit den Glitzerblumen an, schminke mich. Ich muss echt aufpassen, dass ich nicht im Hausfrauen-Look verschlampe. Wenn ich den ganzen Tag meine Schlabberhosen trage, fühle ich mich auch so. Schlabbrig, schlurfig, schlecht. Noch ein bisschen Lippenstift also.

Manu schminkt sich überhaupt nicht mehr, dabei sieht sie viel besser aus mit ein bisschen Farbe in ihrem blassen Gesicht. Das Vertrackte an Beziehungen ist die Vertrautheit. Sich gehen lassen ist gut, im Bett jedenfalls. Ansonsten sollte man sich lieber herrichten.

Parfum? Im Stillbuch steht, dass Babys empfindliche Nasen haben und ihre Mütter nicht mehr erkennen. Egal. Ich will, dass ER mich heute erkennt. Also »zssschhhh«!

Mein Auftritt: Ich schreite in die Küche!

»Toll siehst du aus«, sagt er. In seiner Stimme schwingt allerdings weitaus weniger Begeisterung mit, als ich erwartet hatte. Dann deutet er auf das Tragetuch. Die Kleine strahlt mich an.

Ich habe keine Wahl. Aus dem Festessen wird ein Frustessen, wie so oft: Schneider schneidet mir das Fleisch in kleine Häppchen, und ich passe auf, dass nichts von der Gabel auf die Kleine tropft, die an meinem Busen nuckelt.

ER

Tonis Besuch

Toni, mein bester Kumpel aus Junggesellentagen, kommt uns besuchen. Ich habe ihn dazu überredet. Und als er endlich zusagte, musste ich ihm klarmachen, dass er nur eine Stunde bleiben könne, dass er keine Flasche Rum als Geschenk mitzubringen brauche und dass ich mit ihm auch nicht einen Liter Wein trinken könne. Aber das Baby würde ich ihm trotzdem gern zeigen wollen.
Nun sitzt er da, unsere Tochter meckert schon die ganze Zeit. »Nimm es nicht persönlich, Toni«, sage ich, »sie weint nicht wegen dir.« Weil sich die Kleine nicht beruhigen lässt, geht Schreiber mit ihr auf eine Runde um den Block.
Toni fragt: »Wie geht es dir?«
»Super! Ich sage dir, Vater sein ist das absolut Erfüllendste!«
Toni schaut mich an: »Ja, das sehe ich. Du siehst völlig fertig aus. Deine Frau auch. Euer Kind schreit nur. Und Sex hast du bestimmt auch keinen.« Ich schweige. Sex habe ich natürlich keinen. Ihr tun die Brüste weh, wir haben ganz schön oft Streit, dauernd heult sie los, grundlos. Es dreht sich alles um die Kleine und nichts um mich. Wie soll man da Sex haben?
»Weißt du, deine Frau braucht auch keinen Sex mit dir. Sie hat das Baby. Das nuckelt an ihrer Brust, und das ist für sie erotisch. Sie hat ihren Sex, glaube mir. Und du bist dafür ein erfüllter, aber unbefriedigter Vater.«
Wieso habe ich Toni unbedingt zu diesem Besuch überredet?

Die frische Luft tut gut. Dieser Toni ist nicht mein Fall. Auch unsere Tochter scheint sich wohler zu fühlen, sie schaut neugierig in die Gegend.

Ich biege um den nächsten Block und stutze: Ach ja, Tonis neues Auto! So ein aufgeblasener Geländewagen, silbern poliert, in dem Stil: »Ich bin und habe den Größten!« Der meint wohl, Frauen fänden so was toll. Zum Glück ist mein Mann ganz anders. »Frauenversteher«, würde Toni ihn nennen, obschon Schneider im Moment nicht gerade viel von weiblichen Bedürfnissen versteht. Da kommt mir jemand mit großen Schritten entgegen. Toni! »Was, du gehst schon?«, frage ich.

Er nickt und lacht: »Tja, dein Mann hat mich rausgeschmissen. Sieht ziemlich fertig aus, der Gute.«

Ach Gott … Toni, der Männerversteher!

»Da wollte ich nicht länger stören«, fährt er fort.

»Dabei hatte er sich so gefreut auf dich!«, sage ich.

Toni grinst mir ins Gesicht: »Mach deinen Mann wieder mal glücklich. Das braucht er dringender als einen Männerabend.«

Ich ziehe eine Augenbraue hoch und mustere ihn. Toni hält meinem Blick stand. Zum Glück beginnt meine Kleine im Tragetuch zu knuspern, denn länger möchte ich mir seine Ratschläge nicht anhören. »Ich muss dann mal, tschüss«, sage ich.

Toni drückt seine Wange an meine – kratzig ist das – und sagt: »Du weißt schon, was ich meine ...«

Klar weiß ich das. Aber ich will nicht, du Hornochse!

Mach deinen mal glücklich!

Mann wieder

Ich sitze in der Tram, vor mir zwei junge Frauen. Sie schnattern, haben anscheinend zwei Jungs kennengelernt, der eine süß, der andere geheimnisvoll. Sie kichern und flüstern sich etwas ins Ohr.
Ich blicke aus dem Fenster. Der Lenz ist da, die Frauen zeigen Bauchnabel, Knie, nackte Füße. Ich denke nach:

Lust in der Warteschleife

Logisch, als Mann wartet man eine Weile, aber irgendwann geht das Leben weiter, auch mit Baby, und es ist auf die Dauer unbefriedigend, immer selber Hand anlegen zu müssen. Es geht doch auch anders: Mein Bruder und ich sind ja auch nur elfeinhalb Monate auseinander.

ER

An der Haltestelle beobachte ich die wartenden Frauen. Eine von ihnen hat ein offenes Gesicht. Ihre Haare sind lang und schauen unter einem Strohhut hervor. Sie trägt hellbraune, weit ausgestellte Hosen und eine violette Bluse. Ein richtiges Blumenkind. Dafür habe ich eine Schwäche. Hoffentlich bleibt die Straßenbahn noch eine Weile stehen, vielleicht sehe ich dann, wie sie sich bewegt. Ich sehe es jemanden am Gang an, ob er sinnlich ist. Geschmeidige, weiche, langsame Bewegungen, die Art, sich selber zu berühren und den Kopf zu wiegen – das alles deutet darauf hin, ein gutes Körpergefühl zu haben und erotisch zu sein.
Beweg dich schon, sporne ich sie in Gedanken an.
Ja, jetzt!
Sie sieht mich an, direkt in meine Augen. Und lächelt mitleidig.
Mein Gott, sieht man es mir schon an?

»Ich habe uns bei einem Massage-Kurs angemeldet.«

Schneider schaut erstaunt und sagt: »Super! Toll! Wir müssen dringend etwas für uns tun. Bloß: Wer kümmert sich dann um die Kleine?«

»Oh, du verstehst da etwas falsch. Ich habe nicht uns, sondern mich und die Kleine für einen Kurs angemeldet, soll sehr gesund für Babys sein.«

»Ach, ich dachte ...«

Schon ist er wieder da, dieser versteckte Vorwurf, dieser Hinweis darauf, dass er zu kurz kommt. Das geht seit Wochen so.

Schneider räuspert sich: »Weißt du, inklusive Schwangerschaft haben wir vor Monaten das letzte Mal ...«

»Ich weiß! Tut mir leid. Ich kann einfach noch nicht.«

»Ich schon.«

Ich weiß.

Aber ich bin körperlich besetzt von unserer Tochter, trage sie dauernd im Arm, stille noch immer voll. Nähe habe ich mehr als genug. Was ich brauche, ist Abstand. Nicht gut für eine Beziehung.

Schneider fragt: »Was denkst du?«

»Gib mir noch eine klitzekleine Weile Zeit. Und dann fangen wir einfach mal bei dir an und lassen mich aus dem Spiel.«

Er nickt: »Könntest du das?«

Ich denke noch einmal nach. Ja, doch, warum nicht? So kommt er auf seine Kosten, und ich hab noch eine Weile meine Ruhe.

Manu hatte geschwärmt, das sei ihre Rettung gewesen. Keine Blähungen mehr, zufriedenes Kind, Schlafstörungen wie weggeknetet: Nepalesische Babymassage – ein Wundermittel!
Nun sitze ich gespannt in einem kleinen Raum mit drei weiteren Müttern, unseren Winzlingen und einer netten Nepalesin. Es ist warm. Ein Heizstrahler strahlt von der Decke, Duftlämpchen duften. Wir ziehen die Babys aus, legen Baumwolltücher über unsere Knie. Dann reiben wir unsere Hände, tunken sie in Öl und beginnen mit der Massage. Die Lehrerin gibt Anweisungen.
Den linken Fuß sachte über die rechte Schulter drücken.
Sieht ungemütlich aus. Zaubermaus beschwert sich. Jetzt soll der rechte Fuß zur linken Schulter. Das Beinchen ist so ölig, dass es mir davonflutscht. Die Kursleiterin weist mich an, fester zuzupacken.
Während die Nepalesin mit monotoner Stimme weiterspricht, blickt mich meine Kleine ängstlich an. Mir läuft der Schweiß in Bächen runter und Zaubermaus glänzt wie ein Wackelpudding. Ich schau mich um: Die anderen Babys wehren sich nicht. Meine Tochter hingegen schreit nun herzerweichend. Die Leiterin ruft, ich solle mich nicht irritieren lassen.
Nein. Mir ist eben klar geworden, dass wir statt nepalesischer Babymassage wieder auf unser Geheimrezept zurückgreifen: Solide deutsch-schweizer Schmusestunde mit italienischem Nackenprusten und bayerischem Zehenknabbern.

»Zaubermaus schrie sich die Lunge aus dem Leib«, sagt Schreiber, »sie hat gar nicht mehr aufgehört! Mag sein, dass kleine Nepalesen darauf ansprechen, Zaubermaus bestimmt nicht!«

Ich frage: »Waren die anderen Babys Nepalesen?«

»Ach Quatsch!«

»Aber die haben nicht geschrien, oder?«, will ich wissen.

Schreiber schaut mich mit aufgerissenen Augen an: »Was willst du damit sagen? Etwa wieder, dass ich es bin, die hektisch und nervös ist und die Kleine damit ansteckt? Wolltest du das sagen?«

»Das hast nun du gesagt«, antworte ich. Ich muss auf der Hut sein. Schreiber nimmt die Sache sehr ernst.

»Aber du hast es gedacht, gib's zu!«

Ich seufze und sage: »Komm, mach jetzt keine große Sache draus!«

»Du hast es bestimmt gedacht!«, behauptet sie erneut.

Ich verliere die Geduld: »Ja! Ja, ich habe daran gedacht. Warum schreit denn unsere Kleine so oft? Könnte es nicht sein, dass sie tatsächlich von deiner Unsicherheit angesteckt wird?«

Schreiber wird richtig wütend: »Mit solchen Vorwürfen befreist du mich bestimmt nicht ›von meiner Unsicherheit‹, wie du das nennst. Aber ich bin nicht unsicher, mein Lieber! Wir haben ein ganz normales Baby, und das schreit eben, wenn es ihm nicht passt! Was ich gut finde! VERSTANDEN?«

Klar habe ich das verstanden; war laut genug – und ich denke, da geht unsere Zaubermaus ganz präzise nach ihrer Mutter! Laut und deutlich!

SIE

Seit TAGEN habe ich diese Unruhe in mir. Sobald unsere Tochter Pause macht, werde ich kribbelig. Ich habe zehntausend Ideen, in meinem Kopf purzeln die Themen durcheinander: Ich will schreiben – zum Beispiel übers Stillen.

Ich rufe die Redaktion an. Thea ist munter, freut sich, von mir zu hören (»Ich dachte, du seist zur Superglucke geworden.«) und findet meinen Vorschlag gut: »Klasse, endlich mal was Kritisches. Ich kann diese sabbernden Babys an jedem Busen nicht mehr sehen.«

Äh, so hatte ich das eigentlich nicht gemeint: »Ich will aufzeigen, dass das Stillen nicht jeder Frau leichtfällt«, sage ich. »Dass es Kraft kostet und oft viel zu rosa dargestellt wird. Hätte ich genauer gewusst, was da auf mich zukommt, wäre ich nicht so enttäuscht von mir gewesen.« Thea sagt schnell: »Ja, ja. 6000 Zeichen reichen, oder? Kannst du bis Montag liefern?«

Schreiber steigt ein

Klar, bin doch ein Profi! Ich lege auf. Es gibt mich noch! Ich gehöre wieder dazu! Ich habe einen Auftrag! Ich hüpfe durch die Wohnung und spüre, wie das alte Ich zurückkehrt.

Aber auch das neue Ich meldet sich: Abgabe nächste Woche? Das ist happig. Ich muss sofort an den Computer, dringend ein paar Recherche-Anrufe machen, und wenn's nicht anders möglich ist, nachts schreiben.

Mein Herz klopft schneller. Bin noch kribbeliger als vor dem Anruf. Karriere und Kind – das schaffen andere doch auch ...

Schreiber ist begeistert: »Weißt du, ich habe gedacht, ich könnte gleich eine kleine Serie machen, es gibt doch viel zu erzählen. Es schreibt ja nie eine Betroffene über die Freuden und Leiden junger Mütter.«

»Du hast Recht«, sage ich. »Und ich sage dir, warum: Junge Mütter haben keine Zeit dafür. Du kommst doch noch nicht mal dazu, regelmäßig zu duschen. Wann willst du da einen Artikel schreiben?«

»Typisch!«, entrüstet sie sich. »Du arbeitest – aber mir willst du es verbieten. Aufwachen, mein Lieber, wir leben im 21. Jahrhundert!«

»Ich weiß, in welcher Zeit wir leben. Dann suche für die Kleine einen Hort und geh arbeiten, wenn du denkst, das sei das Richtige!«

»Ha! Du weißt genau, dass das nicht geht! Bis sie auf den Wartelisten vorrückt und in einem Hort aufgenommen wird, kann sie gleich in den Kindergarten! Das dauert Jahre! Und übrigens: ICH hatte ja einen Krippenplatz reserviert, aber DU warst dagegen!«

»Und dafür solltest du mir dankbar sein! So was Bescheuertes, ein Ungeborenes für die Krippe anzumelden! JA, IST DENN SO EIN BESCHISSENER ARTIKEL WICHTIGER ALS UNSER KIND?!«

Schreiber weint. Mist. Mist. MIST! »Ich verstehe dich ja«, sage ich. Das war freilich das Falsche, denn sie funkelt mich trotz wässriger Augen an und faucht: »Du verstehst gar nichts, selbst wenn du es wolltest. Du bist ein Mann!«

S I E

Ich fahre in die Zentralbibliothek, um Bücher zum Thema »Stillen« für meinen Artikel zu besorgen. Mein Baby ist natürlich dabei. Das Tragetuch bewährt sich. Mittlerweile schlinge ich die vier Meter Stoff ganz behände um mich. Und das ist gut so, denn mit Kind im Tuch steige ich locker in die Straßenbahn – mit Kind im Kinderwagen hingegen ist das reine Akrobatik.
Nicht nur deswegen mag ich das Tuch: Das Baby ist auch besser geschützt und – vor allem – es ist ganz nah bei mir, fast ein bisschen so wie vor wenigen Monaten, als ich sie noch im Bauch hatte. Ich mag das.

Zaubermaus steigt aus

Außer wenn sie weint.
Dann kriege ich schlagartig einen Hitzeschub. Ich summe leise Töne, die meine Tochter beruhigen sollen. Oder wenigstens mich.
Sie weint lauter. Die Luft in der Straßenbahn ist stickig. Alle sind still. Außer einer.
Nun brüllt sie. Wie am Spieß.
Bestimmt denken jetzt alle: »Warum schafft die es nicht, ihr Baby zu beruhigen?«
Da dreht sich eine ältere Dame zu mir um – ich ahne schon, dass sie mir irgendwelche Tipps gibt im Stil von: »Ihr Kind hat die Windeln voll« oder »Es bekommt wohl Zähne« oder so ähnlich.
Sie sagt: »Hier sollten Sie aussteigen.«
»Wie bitte!?« Ich fasse es nicht. Bloß weil mein Kind weint? »Warum?«, zische ich.
Die Dame lächelt: »Weil Ihr Baby eine starke Stimme hat. So jemanden können sie am Opernhaus immer gebrauchen.«

Ha, der ist gut! »Haltestelle Opernhaus! Alle mit Arienstimmen bitte aussteigen!« Ich mustere meine Kleine, die ganz zufrieden im Wohnzimmer auf dem Lammfell liegt und munter ihre Ärmchen und Beinchen bewegt, als wäre sie ein kleiner Käfer, der auf dem Rücken liegt.

Die Kinderbetreuung habe ich mittlerweile im Griff. Zaubermaus ist ganz fidel, auch ohne Mama. Deshalb konnte sich Schreiber ins Café um die Ecke verziehen, um in den ausgeliehenen Stillbüchern zu lesen.

Ich lege mich neben Zaubermaus auf den Boden. Sie lächelt. Es ist, als würde ich ins Paradies blicken. Ich sage zu ihr: »Geld ist Geld! Was soll ich mir den Kopf zerbrechen, wenn es deine Mama verdient? Auch sie hat gute Kontakte, womöglich noch die besseren. Weißt du, deine Mama ist Deutsche, die kann sich hier in der Schweiz gut durchsetzen.«

Sie lächelt und ballt die Fäustchen.

Ich fahre fort: »Aber auch dein Papa ist ein toller Typ, weißt du? Und wenn ich dich hier so strampeln sehe, dann könnte ich die ganze Arbeit vergessen und nur noch dich anschauen, mein Sternchen, meine Zaubermaus. Geht aber nicht, denn wir können uns ja nicht darauf verlassen, dass die Dame in der Straßenbahn Recht hatte und aus unserem Windelkacker eine Operndiva wird.«

Alma holt Luft.

Oder vielleicht doch?

Ich drücke die Pedale mit voller Kraft. Jetzt, in der Nacht, herrscht kaum Verkehr und ich komme mit meinem Rad gut voran. Ich erinnere mich an das letzte Mal, als wir nachts in der Stadt unterwegs waren: Wir fuhren mit dem Taxi ins Geburtshaus. Seither ist alles anders. Schreiber ging vorhin vor meinen Augen zu Boden! Sie rief mich ins Bad, wollte mir etwas zeigen. Ich sah ihr Gesicht: kalkweiß. Ich sah ihre Brust: glühendrot. Dann fiel sie hin.

Brust in Not

ER

Ich habe sie an den Heizkörper gelehnt, ein Badetuch hinter den Rücken gestopft, einen feuchten Waschlappen auf ihre Stirn gedrückt. Sie kam wieder zu sich. Dann habe ich die Stillbücher geholt, die wir im Haus haben und nachgesehen, wie die homöopathischen Kügelchen für solche Notfälle heißen. »Hör mal, ich fahre gleich zur Nachtapotheke. Bin in 20 Minuten wieder da. Du ruhst dich aus! Verstanden?«
Jetzt rauscht der Fahrtwind in meinen Ohren und ich murmle: »Belladonna. Belladonna.«
Ich bremse ab, biege auf den Gehsteig, lehne das Fahrrad ans Schaufenster. Ich blicke mich um – Mist, die Typen sehen aus wie Fahrraddiebe. Ich nestle keuchend und mit zittrigen Fingern am Schloss herum, dann stürme ich in die leere Apotheke. »Hallo, ich brauche, äh, Scheiße!« Verdammt! Die ältere Dame ist geduldig, ich klatsche mir die Handfläche auf die Stirn, komm schon, Wort, komm schon! JA!
»Schöne Frau!«
Sie lächelt.

Ich hätte diesen Auftrag nicht annehmen sollen. Habe jede freie Minute am Computer verbracht, statt mich auszuruhen. Heute war Abgabe. Der Text ist fertig. Ich bin es auch.

Ich höre die Haustüre ächzen. Bin ganz zittrig. Ich friere. Ich habe Schmerzen. Schneider stürmt rein, gibt mir das Glasfläschchen mit den Kügelchen, dann packt er eine Schachtel aus der Plastiktüte. »Eine Pumpe«, sagt er. »Hat mir die Apothekerin mitgegeben. Du musst Milch loswerden. Und deinen Busen kühlen und die Kleine so oft wie möglich ansetzen und Quarkwickel machen und vor dem Stillen deinen Busen massieren ...«

Was der alles weiß. Ich habe einen Kloß im Hals.

»Und du schreibst nicht mehr, verstanden? Als Erstes musst du wieder auf die Beine kommen. Du und die Kleine, ihr seid das Wichtigste in meinem Leben! Wir müssen alle gut auf uns aufpassen. Mit dem Geld kommen wir schon klar. Schreiben kannst du, wenn du nicht mehr stillst.« Er redet ohne Punkt und Komma. Die Maschine röchelt an meiner Brust, es tut verdammt weh. »Eine Brustentzündung ist gefährlich, du brauchst jetzt Ruhe! Ich rufe morgen meine Mutter an und frage sie, ob sie herkommt und uns hilft.«

Da löst sich etwas in mir. Mir kommen die Tränen. Viele Tränen. Uferlos Tränen. Ich spüre ganz verborgen, dass ich gerade eben erst kapiert habe, dass ich Mutter bin. Einfach nur Mutter.

Ein schönes Gefühl.

Du musst Milch
deinen Busen
Quarkwickel

loswerden und kühlen und machen und...

ER

»Sie kommt!«, sage ich und lege den Hörer auf. »Sie wird am Nachmittag hier sein.« Super! Auf Mütter kann man sich verlassen!
»Sie bringt Lasagne mit«, ergänze ich und sehe meine Liebste, wie sie mir – leichenblass im Bett liegend – zulächelt. Zaubermaus liegt daneben und übernimmt die Aufgabe der Pumpe. Die habe ich unterdessen wieder in die Schachtel gepackt. Dieses röchelnde Geräusch, Schreibers schmerzverzerrtes Gesicht – unsere Kleine kann das besser, die hat mehr Zug drauf.

Lieber Lasagne als Quark

Ich gehe in die Küche und bereite die nächste Quarkkompresse vor. Was für eine Pampe – frisch ist die ganze Sache ja okay, doch auf der heißen Haut trocknet der Quark, wird klumpig wie Hüttenkäse und verkrümelt sich schließlich im ganzen Bett. Ich putze die Quarkklümpchen schweigend weg. Hätte nie gedacht, dass ich einmal eine solch intime Beziehung zu Milchprodukten aufbauen würde.
Ich bin irgendwie geschafft. Warum passiert uns das? Momentan gelingt mir nichts so richtig: Ich habe keine spannenden Aufträge, wenig Geduld für das Baby, wenig Nerven für unsere Beziehung. Vielleicht wären einige Tage im Hort für die Kleine – und für uns – doch das Richtige gewesen? Hatte Schreiber von Anfang an Recht?
Langsam beginne ich zu verstehen, was Familie auch bedeutet:
Verantwortung. Sorgen. Ängste.
Was Männer durchmachen, wenn sie Väter werden, hat mir keiner gesagt.

Es geht mir langsam besser. Mein Schneider ist auch zu rührend. Klatscht mir Quark auf die Brust, legt Tücher drüber, kümmert sich um alles. Auch um Unterstützung. Ich fühle mich geborgen. »Ich danke dir«, sage ich, als mein Liebster mit einer Rolle Haushaltspapier anrückt, »du machst das gut!«

Er lächelt säuerlich: »Echt? Findest du?«

»Ja, klar! Das weißt du doch!«

Schneider hält inne: »Nein, irgendwie nicht mehr. Du gibt's mir eher das Gefühl, dass ich zu viel weg bin, mich zu wenig um euch kümmere, die Kleine zu dünn anziehe, dir nie Wasser bringe ...«

Na ja, das mit dem Wasser ist von mir vielleicht ein bisschen übertrieben. Bin ich wirklich so streng?

»... dass ich mehr im Haushalt machen sollte ...«

Okay, das finde ich wirklich.

»Seit wir ein Kind haben, mache ich nichts mehr richtig!« Schneider schaut mich an. Er sieht traurig aus.

Ich muss an Manu denken. Ist es das, was bei ihnen schiefgelaufen ist? Ich erinnere mich daran, wie Manu bei unserem ersten Besuch ihrem Mann das Baby aus dem Arm nahm und sagte: »Gell, Süße, du liegst lieber auf meiner Schulter.« Dabei war Leonie ganz zufrieden bei ihrem Papa gewesen.

Ich sage leise: »Es tut mir leid. Ich finde, dass du ein ganz wunderbarer Vater bist, ich bin froh, dass du Geld verdienst, mich mit Quark vollkleckerst und eine Mutter hast, die die beste Lasagne der Welt macht.«

Krisenstimmung

ER

Ich hänge den Hörer ein und ich frage mich, ob mein Dasein als Freiberufler Zukunft hat. Der Stadtanzeiger hat gerade angerufen und mir einen Auftrag gegeben. Ich soll zwei Schutzpolizisten einer Bürgerwehr begleiten, die am Samstagabend in einer kleinen Gemeinde für Ruhe und Ordnung sorgen. Was für ein Blödsinn! Und dann auch noch am Samstagabend, wenn jeder Redakteur das Wochenende genießt! Das will ich nämlich auch! Ich habe Frau und Kind. Was soll ich da nachts mit zwei Sheriffs auf Patrouille gehen? Nein! Ich rufe gleich an und sage ab.
Allerdings: Geld ist Geld. Vielleicht rufe ich zuerst Schreiber an und berede es mit ihr.
Sie nimmt nicht ab.
Ich lege auf, denke nach und wähle noch einmal unsere Nummer. Nichts.
Gut, dann rufe ich eben die Redaktion an, um abzusagen. Besetzt.
Auch Schreiber nimmt weiterhin nicht ab.
Redaktion: Immer noch besetzt.
Ich rechne meinen Verdienst durch. Kann ich es mir leisten, meine Aufträge hinzuschmeißen? Ja, doch, knapp!
Redaktion: Besetzt.
Aber was, wenn die mich nach meinem »Nein« aus ihrer Kartei streichen?
Also doch noch mal Schreiber anrufen.
Endlich! »Hallo, Liebste, wo warst du?«
»Entschuldige, hier geht es drunter und drüber. Was ist?«
Ja – was ist denn nun? Ich höre mich sagen: »Äh, ... du, ich muss am Samstagabend arbeiten.«

Ich bin wieder auf den Beinen und voller Tatendrang. Möchte unsere Wohnung umräumen, die Kinderkleider sortieren, staubsaugen, meinen Schreibtisch in Ordnung bringen, mit unserer Kleinen an den See, Manu treffen, die Haare waschen ...

Haare waschen zuerst. Die Kleine scheint satt zu sein, sie liegt auf einer Decke am Boden und brabbelt. Ich also ins Bad: Kopf über die Wanne, Wasser an, Shampoo drauf.

Da war doch was?

Wasser aus. Ich höre Schreien. Also mit Shampoo-Kopf ins Wohnzimmer. Kind weint, sieht mich, lacht.

Nun denn, Kind mit ins Bad, Schaum tropft, Wasser an, Haare spülen. Das Kind lacht.

Da war doch was?

Ah, das Telefon! Ich lass es klingeln.

Haare sauber, Kind zufrieden. Das ist doch was!

Weiter geht's mit Staubsaugen.

Das Kind weint. Ich nehm's auf den Arm. Es kotzt.

Ich bin voll. Das Kind auch. Den Boden putze ich später.

Schon wieder das Telefon. Später!

Zaubermaus quengelt nur noch. Ich kann keinen Schritt alleine machen.

Ich setze mich hin und fasse es nicht. Wenn ich schreibe, entzündet sich meine Brust; habe ich einen ganz normalen Hausfrauentag vor mir, bricht das Chaos aus.

Ich habe es nicht im Griff. Andere Mütter schaffen so etwas bestimmt mit links! Immerhin ist bald Wochenende, da kann ich auf Schneider zählen.

Da war doch was?

Ah! Das Telefon.

Amor wirft Brotkrümel

ER

Wir spazieren mit unserem Nachbarn Bob und mit Manu am See. Wir sind nicht die Einzigen. Hunderte sind draußen, füttern Enten und genießen die wärmende Sonne an diesem ersten prächtigen Frühlingssonntag. Auch unsere Kleine ist ganz vergnügt im Tuch, und Manu schiebt ihre Leonie im schicken dreirädrigen Spitzenkinderwagen vor sich her.
Mein Joggingpartner Bob redet ohne Punkt und Komma über seine Zeit in New York, wo er als Anlageberater einer Schweizer Bank einige Jahre gelebt und »Geld gewaschen« hat. Er schaut dabei immer wieder ganz fröhlich Manu an, die – wie gewohnt schwarz angezogen – nicht auf seine Späßchen reagiert.
Ich frage mich, was mich geritten hat, diesen Spaziergang zu arrangieren. Das sieht doch ein Blinder, dass die zwei überhaupt nicht zusammenpassen: Er mit gesunden roten Pausbacken, sie mit ungesunder Blässe. Er – das pralle Leben. Sie – die wandelnde Enttäuschung. Na ja, war ein Versuch. Ich finde unseren Nachbarn eben einen prima Mann, dachte, er könnte die unterkühlte Manu etwas auftauen. Bob ist direkt. Ist auf der Suche. Ist kinderlieb. Und Schreiber hat letzthin gesagt, dass Manu bestimmt auch lustig sein kann und sich nach einem Mann sehnt.
Es hätte mir eben einfach Spaß gemacht, ein bisschen Verliebtheit in diese Welt zu bringen.
Etwas, das mir in meiner Welt ein bisschen fehlt.

Es war Schneiders Schnapsidee. Er sah sich schon als tollen Kuppler, als Frühlingsboten, als Amor, der Pfeile schießt. Und daneben trifft. Manu hat mir etliche fragende Blicke zugeworfen. Sie fragt sich, so wie ich, was wir hier mit diesem Riesen machen, der sich wie eine Weltmacht aufführt.

Der große Mann ist gerade dabei, Brot in die Luft zu werfen, und er lacht, als wäre das das Tollste, was er je erlebt habe. Die Möwen umkreisen ihn. Was für ein hysterisches Gekreische! Bob fängt nun an, Brotstückchen selber mit dem Mund aufzufangen. Wenn er eines erwischt, macht er große Augen und klatscht in die Hände. Manus Tochter Leonie quietscht begeistert.

Eigentlich ist er ja in Ordnung, dieser Hüne. Schneider sieht neben ihm aus wie ein Floh, ein stämmiger Floh. Nun legt auch er sich ins Zeug. Die beiden Männer machen eine herrlich blöde Möwen-Brot-Fang-Show. Jetzt kreischen nicht nur die Möwen, sondern auch ich.

Da wirft mir Schneider ein Stück Brot zu und ruft: »Hepp!«

Ich schnappe zu!

Während ich kaue, wird mir klar: Mein Liebster und ich haben in den letzten Wochen zu wenig miteinander herumgeblödelt. Wir sind vor lauter »Alles-richtig-machen-Wollen« völlig humorlos geworden. Ich umarme meinen Schneider samt Tochter im Tuch, wir rangeln, bewerfen uns albern mit Brotkrümeln und lachen uns kaputt.

Amor schießt gerade Pfeile. Und diesmal treffen sie! Mich!

S
I
E

Ich muss kichern.

Schneider schaut mich an: »Ist was?«

»Nun ja, ich bin ein bisschen aufgeregt.«

»Wie wär's mit er-regt?«

»Lass mir Zeit, das kommt dann schon.«

Wir liegen im Bett, und heute werden wir das erste Mal wieder richtig miteinander Liebe machen.

Sofern ich das überhaupt noch kann.

Bin völlig aus der Übung und muss pausenlos lachen. Wie ein Teenager. Wie beim ersten Mal eben.

Schneider ist ein bisschen verkrampft. Wie ein Teenager. Wie beim ersten Mal eben.

Liebesleben

Ich flüstere: »Ist doch toll: Jetzt sind wir schon so viele Jahre zusammen und trotzdem ist das Liebemachen immer noch ein Abenteuer.«

»Eine Rarität«, bemerkt Schneider.

Ich muss lächeln. »Wie wäre es mit: Exklusivität? Das ist doch weitaus besser, als wenn es alltäglich wäre«, sage ich.

Er: »Ich habe rein gar nichts gegen Alltag ...«

Schon gut, schon gut! Er soll endlich mal mit diesen Bemerkungen aufhören, die mich ständig darauf hinweisen sollen, dass wir viel zu selten miteinander ...

»... denn man kann auch im Alltag Überraschungen erleben«, fährt er fort und küsst mein Ohrläppchen. Herrje, wie das kitzelt. Ich kichere, Schauer jagen mir den Rücken runter, und ich höre seinen Atem in meinem Ohr.

Doch da höre ich noch etwas.

Und das ist alles andere als lustig.

Ausgerechnet jetzt!
Schreiber war grad so schön am Kichern, da beginnt unsere Kleine zu weinen.
»Komm, wir warten erst mal ab, vielleicht beruhigt sie sich wieder«, sage ich, als meine Liebste hektisch auf dem Sprung ist.
Ich knuspere weiter an ihr – das Kichern aber hat sie eingestellt.
»Seit wann schläft unsere Tochter gleich wieder von selber ein?«, sagt sie, dreht den Kopf zu mir und ergänzt: »Lass das doch mal an meinem Ohr, sonst kann ich sie nicht hören.«
Schon gut. Ich lass das mal an ihrem Ohr und wahrscheinlich auch sonst überall, denn aus meiner Schmusekatze ist Null Komma plötzlich die pflichtbewusste Supermama geworden. Ihre Verwandlung klappt in dieser Richtung ausgezeichnet. Doch leider ist das Gegenteil, dass sie nämlich aus dem Nichts zur Wildkatze wird, die ihrem Löwen Schauer der Lust einjagt, noch nie eingetroffen, oder zumindest schon seit langem nicht mehr!
Schreiber sitzt kerzengerade im Bett: »Ich gehe mal nachsehen, sonst habe ich keine Ruhe.«
Sie geht und wird jetzt eine halbe Stunde »Lalelu« singen. Danach ist sie so müde, dass sie sagen wird: »Kuscheln ist in Ordnung, mehr aber nicht, ich bin so schlapp. Und ich muss ja bald wieder aufstehen.«
Wir werden unser erstes Mal also auf nächstes Mal verschieben.
Und dass die Kleine nicht mit Absicht unser Liebesleben abmurkst, weiß ich auch.
Aber Wissen allein befriedigt nun mal nicht.

Ab nach Italien!

ER

Was für ein Tag! Meine Schwägerin aus München hat gerade angerufen. Das ist immer lustig, weil sie erstens herrlich schnell Bayrisch redet, zweitens noch viel schneller Italienisch und drittens immer direkt ihre Meinung sagt und viertens gute Ideen hat: »He, du klingst ja ganz fertig. Mach doch mal Ferien mit deiner Familie. Bloß weil du Papa bist, musst du doch nicht dauernd rackern!«

Sie lacht wie immer laut und scheint mich besser zu kennen, als mir bewusst war: »Meine Eltern haben ein Haus auf Sardinien, das steht leer, ihr könnt es sicher benutzen.«

Was für ein Tag!

Ein Haus auf Sardinien!

Was interessieren mich da langweilige Artikel über Freizeit-Polizisten in einem Zürcher Vorort? Ich könnte ein paar Reisereportagen machen, so wie früher. Wir könnten ein paar Wochen nur für uns sein, der Kleinen die Sonne zeigen, am Strand liegen, mal aus unserem Trott und der Stadtwohnung rauskommen.

Während mir Mary von weiteren Vorteilen erzählt – »Ich habe Verwandte im Nachbardorf, die würden euch sicher gerne kennenlernen und helfen« –, plane ich in Gedanken die nächsten Schritte:

Fähre – abklären.

Auto – aufmöbeln.

Arbeit – absagen.

Schreiber – überzeugen!

Das ist die Knacknuss an der Idee.

»Unser Kind braucht Licht!«, sagt mein Liebster. »Und wir zwei brauchen dringend Ruhe und Zeit füreinander.«

Ich stutze.

»Wir können nächsten Monat Marys Haus auf Sardinien haben«, erzählt er freudig. »Stell dir vor: Strandspaziergänge, Cappuccino ...«

»Ich trinke keinen Cappuccino, ich stille. Und die Arbeit?«

»Das Haus kostet nichts. Die Fährüberfahrt ist in der Vorsaison günstig. Und dort schreibe ich einige Reiseartikel, die ich verkaufen kann.« Er lächelt. Reisen liebt er über alles. Früher ist er wochenlang um die Welt gezogen.

Ich bin da anders. Mehr der Stubenhocker. Ich starte einen Konter: »Was, wenn unsere Kleine seekrank wird?« Ich habe als Kind auf einer Schiffsfahrt erst meinen Vater und dann den Speisesaal vollgekotzt.

Schneider bleibt ruhig: »Babys können nicht seekrank werden. Ansonsten würden sie sich im Bauch ja auch ständig übergeben.«

»Und die medizinische Betreuung? Der Klimawechsel? Wir kennen keine Menschenseele. Und dieses Haus? Wir wurden in Sardinien schon mal ausgeraubt.« Was ein bisschen übertrieben ist, denn uns wurde bloß der Außenbordmotor unseres Schlauchbootes geklaut!

Er: »Wir haben kein Gummiboot. Das Haus hat Türen mit Schlössern. Mary hat einen Onkel in der Nähe.«

Dann hält er inne und meint: »Weißt du: Kinder sind immer nur so kompliziert wie ihre Eltern.«

Ich seufze: Was will er mir nun damit wieder sagen?

Wegfahren?

Und wenn die
Kleine
seekrank
wird??

Ich stehe im Bad. Sieht nicht gut aus, was ich sehe. Ich ziehe den Bauch ein. Sieht nicht besser aus. Ich muss dringend etwas unternehmen. Sardinien rückt näher. Und somit auch Strand und Bikini.
Mittlerweile freue ich mich darauf. Mit der Aussicht auf Sonne, Ruhe und Zeit ist wieder etwas Leichtigkeit in unseren Alltag zurückgekehrt.
Ich atme aus, der Bauch wird locker. Kleiner runder Bauch! Heimat meiner Tochter. Das war einmal. Jetzt ist er einfach nur ein Bauch. Und der muss weg. Bloß wie?

Klein und rund

Ich esse täglich eine Tafel Bitterschokolade und mache täglich keinen Sport. Zum Glück stille ich noch, auf diese Weise gebe ich einiges der Kalorien an meine Tochter weiter. Trotzdem – es muss sich etwas ändern.
Ich möchte endlich wieder in meine Jeans passen und dabei den obersten Knopf schließen können. Ich möchte mich nicht jedes Mal ärgern, wenn ich mich nackt sehe. Es bleibt mir keine Wahl: Ich muss mich bewegen. Aber wie? Und wo? Fitness-Clubs sind für mich die Hölle: Laute Musik, gestylte Menschen, die so aussehen, als würden sie pausenlos Sport machen und im Solarium liegen. Joggen? Wie mein Liebster? Allein habe ich Angst. Und all die Hunde! Nein, zu gefährlich.
Mir fällt meine Großtante Lissi ein. Die war noch mit achtzig rank und schlank. Und machte täglich Kniebeugen (oder waren es Rumpfbeugen?) auf ihrem Perserteppich.
Na also, geht doch!

Schreiber liegt in ihren alten Turnhosen im Wohnzimmer auf dem Rücken, balanciert unsere Tochter auf den Knien und macht Rumpfbeugen. Neben ihr liegt eine aufgeschlagene Zeitschrift mit dem ganzseitigen Foto einer Frau, die das Gleiche macht, dabei aber glücklich lächelt.

Schreiber dagegen beißt auf die Zähne: »Sieben. Acht. Neun ... Zehn!« Sie blickt auf: »Hallo, Liebster. Du bist heute früh dran.«

»Ja, ich möchte noch raus«, sage ich.

Sie keucht: »Ich trainiere ab heute täglich mindestens eine Viertelstunde, tolle Sache, auch Zaubermaus hat Spaß dabei!«

Ich erinnere mich, wie sie mir früher schon von so »tollen Sachen« erzählte. Zum Beispiel von ihrem 6-Monate-Fitness-Abo, das sie zu einem Schnäppchenpreis gekauft hatte, damit sie zwei Mal in der Woche in der Mittagspause schnell von der Redaktion aus auf die Rudermaschine konnte.

Sie tat es dann auch tatsächlich zwei Mal. Insgesamt ...

Wenn meine Frau eine Ahnung von Geschichte hätte, dann würde sie Churchill zitieren: »No sports«. Denn Schreiber hat null Bewegungsdrang. Wenn sie mal Zeit hat, setzt sie sich lieber mit einer Tafel Bitterschokolade und einer *Gala* aufs Sofa. Sie fühlt sich danach genauso erfrischt wie andere, die eine Stunde durch den Wald gerannt sind. Vielleicht sollte ich ihr einfach mal sagen, dass ihr Bäuchlein ganz gut aussieht. Jedenfalls besser als ihr Gymnastikprogramm.

»Hier ist übrigens 100«, sagt Schreiber.
»Ich weiß. Ich fahre ja auch 100.«
Schreiber schaut auf den Tacho: »Du fährst 110.«
»Das ist etwa das Gleiche«, antworte ich. »Du kannst mich zurechtweisen, wenn ich 150 fahre!«
»Jetzt sei doch nicht so gereizt!«
Ich beiße mir auf die Lippen. Diese Art von Bevormundung hat sie von ihrer Mutter, die sagt mir auch vor jeder Rechtskurve: »Hier geht's nach rechts.« Als ob sie mir nicht zutrauen würde, dass ich weiß, wie man Auto fährt.

Tempo-Teufel

Dabei schläft die Kleine in ihrem Kindersitz und wir könnten uns wunderbar über interessante Dinge unterhalten.
Schreiber schaut demonstrativ zur anderen Seite und schnaubt hörbar.
Ich sage: »Man hat Autobahnen genau darum gebaut, damit man etwas schneller fahren darf.«
Sie blickt zu mir: »Man kann auf diese Weise auch etwas schneller sterben!«
»Oder etwas schneller am Fährhafen sein! Du wirst mir noch dankbar dafür sein, dass wir uns in der Reihe weiter vorne hinstellen und schneller in unsere Kabine können!«
Sie reißt die Augen auf: »PASS AUF! DORT VORNE STEHT EINE KOLONNE! SCHNELL, MACH DEN WARNBLINKER AN!!!«
Unsere Ferien beginnen ja großartig, denke ich. Wenn Schreiber schon an der allerersten Zahlstelle in Italien glaubt, dass wir uns in akuter Lebensgefahr befinden, dann »buona notte«!

E
R

»Was ist denn jetzt wieder los?«, fragt Schneider genervt.
Ich schweige und schaue aus dem Fenster. Es ist wirklich zum Heulen, kaum sage ich etwas, das ihm nicht in den Kram passt, reagiert er gereizt. Er weiß doch, dass ich lieber langsam Auto fahre. Warum sagt er also nicht einfach: »Oh, 100, hab ich gar nicht bemerkt. Fahre ich dir zu schnell, mein Schatz? Kein Problem. Ob wir zehn Minuten früher oder später ankommen, spielt ja keine Rolle. Hauptsache, du fühlst dich wohl.«
Nein, er macht aus meinem Hinweis ein Machtspiel, fühlt sich zurechtgewiesen, bevormundet. Dabei meine ich es nicht als Vorwurf, sondern als Bitte.
»Du bist wie deine Mutter!«, fährt er fort. »Ständig bevormundest du mich! Als ob ich nicht selber wüsste, was ich zu tun habe. Mit dem Baby ist es doch genau dasselbe! Dauernd meckerst du an mir herum. Du gibst mir gar keine Gelegenheit, etwas so zu machen, wie ich es für richtig halten würde: ›Wechsel jetzt die Windel‹; ›Zieh ihr eine Mütze an‹; ›Föhn sie nicht immer so lange!‹«
Typisch Schneider. Er tischt mir im Handumdrehen sämtliche Frustsituationen auf, die ihn ärgern. Dies noch und das noch! Paff, paff! Bestimmt sagt er gleich: »Du traust mir nie etwas zu«.
»Manchmal habe ich das Gefühl, dass du mir nichts zutraust«, höre ich ihn.
»Nun mal langsam«, sage ich und füge an: »Hast du das Tempo-80-Schild gesehen?«

Auf der Fähre

ER

Das letzte Mal, als wir in Genua auf die Fähre gingen – damals nach Palermo –, waren Schreiber und ich ein frischverliebtes Paar. Wir mussten uns erst mal richtig kennenlernen. Das war nicht einfach. So forderte sie resolut, dass ich melden müsse, das Schiff brenne. Die Angelegenheit war mir äußerst peinlich, und erst, als ein Offizier ihr erklärte, aus dem Schiffskamin würden halt auch mal Funken stieben, beruhigte sie sich.

Sie machte – eifrig und pflichtbewusst, wie Deutsche nun mal sind – auch an allen Rettungsübungen mit, während ich in der Kabine Sportsendungen schaute. In der restlichen Zeit spielten wir Karten; meistens gewann sie, meine Laune war entsprechend. Richtig gut war's eigentlich nur im Bordrestaurant: Tischtücher, Kellner, gutes Essen. Und genau hier sitzen wir nun. Mir ist etwas mulmig, denn ich erinnere mich mit Schrecken an das erste Mittagessen mit Baby in einem Zürcher Restaurant. Die genervten Blicke und das Kopfschütteln einiger Gäste habe ich nicht vergessen.

Der ältere Kellner in schwarzen Hosen, weißem Kittel und schwarzer Fliege kommt an den Tisch. »Buona sera, signori«, sagt er, sieht Zaubermaus, strahlt und meint mit einem Blick zu Schreiber: »Posso?«, nimmt die Kleine auf den Arm (die nicht einmal gleich losschreit) und geht weg, ab durch die Drehtür in die Küche.

Schreiber blickt mich an: »Mach was, aber sofort!«

Der hat Nerven! Überlässt unsere Tochter einem Wildfremden! »Italiener lieben Kinder«, sagt Schneider und schwärmt von Risotto mit Tintenfischen. Ich spähe Richtung Küche.

»Oder wie wär's mit ›Penne alla matriciana?‹«

Wie wär's, wenn unsere Kleine bald mal wiederkäme?!

Die Schiebetüre der Küche öffnet sich, der Kellner kommt – ohne Kind!

Ich blicke zu Schneider, der strahlt den Kellner an, die beiden lachen und ich verstehe halbwegs, dass unsere Tochter gerade mit Giuseppe Nudeln kocht.

Solange Giuseppe nur Nudeln kocht. Aber der Dampf, das heiße Wasser – Gott, was in so einer Küche alles passieren kann!

»Und du? Hast du dich entschieden?«, höre ich Schneider fragen.

»JA! Ich werde unsere Tochter retten!«

Der Kellner zuckt mit den Achseln und Schneider erklärt ihm, dass ich eine superhysterische deutsche Mutter sei und den Risotto mit Spinat nähme.

Da taucht Zaubermaus auf: Auf dem Kopf trägt sie ein Hütchen aus einer Stoffserviette, in der Hand einen Kochlöffel, auf dem sie herumkaut. Der Mann mit dem Vollbart ist wohl Giuseppe.

Der Bart sagt: »Ecco la mamma! Che bella!«

Schneider bestellt Prosecco, ich stoße mit ihm an, und eine halbe Stunde später rufe ich: »Viva Italia!«, während unsere Tochter wieder mit einem starken Mann unterwegs ist und Schneider und ich in aller Ruhe miteinander essen können. Das sind Ferien!

E
R

Sardische Serpentinen

Wir sind in der Ogliastra angekommen und haben den 75 Jahre alten, quicklebendigen Fiorenzo (»Lasst euch küssen, ihr gehört schließlich zur Familie!«) und etliche andere weibliche Mitglieder von Marys Verwandtschaft kennengelernt. Sofort kocht Fiorenzos Frau Lydia starken Kaffee, dazu gibt's Plätzchen, und Fiorenzo zieht mich aus der Stube in die Küche, sagt: »Lassen wir die Frauen unter sich sein«, stellt eine Haushaltsleiter vor einen Schrank, klettert hinauf, kichert, öffnet ein Türchen. Dahinter kommen Bücher zum Vorschein, von denen Fiorenzo sagt, das seien Bücher über Sex und so, die er mit Lydia ab und zu anschaue, aber viel zu selten, und er zwinkert mit den Augen. Dann klappt Fiorenzo die Leiter wieder zusammen, sagt, Männer müssten unter Männern sein, zeigt mir im Schuppen hinter dem Haus seine Sammlung von Angelruten, mit denen er große Fische gefangen haben will. Dann fahren wir hoch in die Berge, »zur Degustation«, wie Fiorenzo augenzwinkernd meint, während er zügig durch die Kurven düst, dabei die Fahrertür seines klapprigen Fiat Pandas aufschwingt, sie mit der linken Hand zurückholt und festhält, mit der rechten Hand schaltet und mit den Knien steuert. Ich frage mich, in welchem Zustand wir nach der Degustation sein werden und sehe die Schlagzeile vor mir: »Schweizer Jungvater auf sardischer Serpentinenstraße abgestürzt!«

Schneider hat sich davongemacht, während ich hier im blitzblanken Salon auf einem Sofa sitze, das mit einer Plastikfolie überzogen ist. Um mich herum sitzen Frauen. Sie reichen Zaubermaus herum, küssen sie, zwicken ihre Wangen und fragen mich allerhand. Mein Einwand, dass ich kaum Italienisch könne, wird mit Getöse abgeschmettert. Lydia redet pausenlos, und ich verstehe, dass sie nur einmal in ihrem Leben auf dem Festland war, als Kleinkind nämlich, weil ihre Mama ihrer zwölf Kinder wegen von Mussolini als wertvolle Mutter ausgezeichnet wurde. Oder so ähnlich.

Dann wollen die Frauen wissen, wie die Geburt war und ich schlage mich wacker, auch wenn mir scheint, dass sich auf ihren Gesichtern nacktes Entsetzen spiegelt. Seltsam, denn ich hatte ja eine tolle Geburt. Als sie nach den Maßen unserer Kleinen fragen, zögere ich; ich bin so vergesslich in diesen Monaten, und die Zahlen purzeln in meinem Kopf herum: »32 Zentimeter lang, 5,1 Kilo schwer«, sage ich deshalb etwas unsicher. Die Frauen nicken ernst, eine hält fassungslos ihre Hand an die Wange.

Zum Glück bekommt unsere Kleine grad jetzt Hunger, und ich deute mit meinen Händen auf meinen Busen, sage »mangiare«, die Frauen lächeln und eine fragt: »Solo latte di mamma – nur Muttermilch?« Ich nicke stolz. Da zückt sie ein Stückchen Schokolade aus ihrer Handtasche, reicht es meiner fünfmonatigen Tochter und sagt: »Poverina – die Ärmste!«

Mitten in der Nacht an der sardischen Küste. Schreiber weckt mich: »Vor dem Haus sind Einbrecher!« Ich bin hellwach! »Sie haben die Sicherung auf der Veranda herausgeschraubt, ich kann kein Licht machen.«

Mütterliche Intuition

Urinstinkte regen sich. Muss meine Brut beschützen. Die Sinne sind geschärft, ich höre in die Dunkelheit hinaus, doch die Einbrecher verhalten sich ruhig. »Sie warten, dass wir wieder schlafen. Du musst die Carabinieri anrufen, schnell!«, fährt Schreiber fort. Ich horche. Und denke nach. Schreiber hat eine dramatische Ader. »Ich geh raus an den Elektrokasten und sehe nach«, sage ich. »Vermutlich ist die Sicherung durchgebrannt.« – »NEIN! Darauf warten sie bloß, die hauen dir eins über den Schädel! Geh nicht raus! Ruf an!« Ich blicke Schreiber an, sehe nackte Angst und ich weiß: Ich MUSS die Carabinieri anrufen.

Während ich bei Kerzenlicht die Nummer ins Handy tippe, späht Schreiber in den Garten. »Sie warten«, flüstert sie mir zu, und ich bin mir immer sicherer, dass die Einbrecher nur in Schreibers Einbildung existieren.

Zehn Minuten später stehen zwei schwerbewaffnete Carabinieri vor der Tür. Sie steigen aufs Dach, gehen ein paar Mal ums Haus, finden nichts, zeigen auf den Elektrokasten: ein Kabel ist durchgeschmort. »Entschuldigen Sie bitte«, sage ich zu den zwei Militärpolizisten, »aber meine Frau ist gerade erst Mutter geworden!«

Auch ein durchgebranntes Kabel kann viel bedeuten, mehr jedenfalls, als es auf den ersten Blick scheint! Mir ist längst alles klar: »Hör zu: Gestern Nachmittag hat uns jemand im Häuschen angerufen und nur Stuss geschwafelt. Ich habe dir davon erzählt. Das war der erste Schritt dieser Bande: Abklären, ob wir da sind. Am Abend habe ich zwei Typen auf der Straße gesehen, die ich noch nie hier gesehen habe.«

»Wir sind ja erst seit drei Tagen da, woher sollen die wissen, dass …«, bemerkt Schneider, aber ich muss ihn unterbrechen:

»Egal. Ich spüre das. Und aufgewacht bin ich, weil ich auf der Terrasse ein Scheppern hörte. Die sind aus Versehen an den Gartentisch gerempelt. Dann haben sie das Kabel durchgeschmort.« Ich lächle bitter. »Kein Wunder, dass die Carabinieri niemanden gefunden haben, die sind ja mit Sirene und Blaulicht angefahren gekommen, so konnten die Einbrecher natürlich in aller Ruhe fliehen. Nein, nein, ich traue der Sache nicht.«

Mein Liebster blickt skeptisch. Er glaubt, ich sei übergeschnappt. Egal, ich spüre, dass da etwas krumm ist. »Schon so manches Mal war meine Intention richtig, erinnerst du dich?«

»Intuition«, sagt er.

»Na und? Ich spüre solche Dinge.«

Schneider wiegt den Kopf zweifelnd hin und her.

Aber mein Plan steht: »Du wirst bis zum Morgen Wache halten. Und dann reisen wir ab!«

Einbrecher!!

Fiorenzo wusste natürlich schon früh am nächsten Morgen, dass die Carabinieri wegen eines durchgeschmorten Kabels ausgerückt waren. Und am Nachmittag, so glaube ich, wusste es ganz Sardinien. Nachdem ich meine Liebste umgestimmt hatte, hielt ich es für angebracht, uns einige Tage nicht im Bergstädtchen zu zeigen, wo Fiorenzo lebt.

Stattdessen machen wir nun viele Spaziergänge am Strand. Schreiber sucht weiterhin nach Räubern. Und dabei geschieht es: Wir hören in den Brombeeren das ängstliche Miauen kleiner Kätzchen. Ganz kurz sehen wir sie: zwei kleine, abgemagerte Tigerchen. Schreiber will sie gleich mit nach Hause nehmen. Ich schüttle den Kopf und schlage vor, am Abend noch einmal vorbeizuschauen. Sollten sie noch immer im Gestrüpp sein, würden wir sie retten. Schreiber nickt. Sie stapft los. »He, wohin gehst du?«, frage ich. Sie blickt zurück: »Na, Milch kaufen.«

Auf dem Rückweg zum Bungalow rufe ich Fiorenzo an. Ob er eine Katzenmama wüsste, frage ich und erzähle ihm von unserer Entdeckung. Er lacht schallend. Dann erklärt er mir, es gäbe auf der Insel so viele wilde Hunde und Katzen, dass man eigentlich keine der hiesigen Hühner- und Schweinefarmen bräuchte, um den Fleischbedarf Sardiniens zu decken. Ich nicke, hänge ein und fasse einen hässlichen, aber richtigen Entschluss: Diese Kätzchen werden von uns nicht gerettet!

Die Katzenmama

»Wir nehmen sie mit!«
»Nein!«, wiederholt Schneider.
»Ich bin Mutter und das sind Babys. Sie kommen mit, da kannst du dich auf die Straße legen oder was auch immer, damit das klar ist, verstanden?«
Schneider schimpft: »Du bist völlig unvernünftig! Schau, ich habe mit Fiorenzo gesprochen, es geht einfach nicht. Rettest du eines, müsstest du Tausende retten!«
»Wir retten diese beiden hier«, sage ich ungerührt.
Schneider wird lauter: »Heute Nacht holt der Fuchs diese Kätzchen und füttert seine Jungen damit, das ist die Realität, so ist die Natur! Willst du, dass die Babyfüchse hungern?«
Er beeindruckt mich nicht. Die Stacheln der Brombeeren hingegen schon. Ich zerkratze mir bös meine Unterarme. Und die zwei Miezchen ziehen sich fiepsend immer weiter zurück ins Dickicht.
»Sie werden unser Ferienhaus vollkacken, unsere Kleine kratzen und die ganze Nacht jämmerlich miauen!«
Ich raune freundlich »maunmaunz« in die Stacheln, dann drehe ich den Kopf und sage ruhig und bestimmt: »Respektiere, dass ich Mutter bin!«
Am Abend sitzen wir zu fünft im Wohnzimmer. Zaubermaus beobachtet die beiden Tigerchen, ich beobachte meinen Liebsten: Er flößt den Kätzchen mit einer kleinen Spritze lauwarme Milch ein und flüstert: »So, du kleiner Racker, noch ein Schlückchen, brav so ...«
Ich wusste doch, dass ich einen richtig tollen Mann habe.

ER

Siesta am Nachmittag

Die Ferien gehen zu Ende. Jeden Tag winken wir den beiden Carabinieri zu, die wir seit der dritten Nacht auf Sardinien kennen. Sie fahren mit ihrem dunkelblauen Lancia durch die Gegend und lächeln uns zu. Fiorenzo besucht uns regelmäßig und sprudelt vor Lebensfreude, und die Kätzchen, ja, die haben wir gestern Abend noch einmal besucht: Sie saugen wohlig zufrieden an den Zitzen ihrer Stiefmama im Städtchen oben.

Wie ein dekadenter Römer liege ich im Sand, nehme einen weiteren Schluck Canonau, lege eine getrocknete Tomate auf das Weißbrot, etwas Pecorino und einen Klacks Honig – Fiorenzos Spezialität! – und schiebe mir die Köstlichkeit in den Mund.

Ich blicke zu Schreiber, die im Schneidersitz im Sand sitzt. Sie stillt souverän – die hektischen Fütterungsversuche sind Vergangenheit. Schreiber seufzt zufrieden, die Kleine schmatzt. Was hat Toni gesagt? Stillen sei wie Sex? Ich betrachte ihre vollen Brüste. Meine Liebste lächelt, lächelt still in sich hinein, sie streichelt unsere Tochter. Die beiden sind ganz versunken.

Es wird mir wieder einmal bewusst, dass zwischen Mutter und Kind eine extrem starke Bindung herrscht. Aber auch mit meiner Vater-Kind-Beziehung bin ich soweit sehr glücklich. Fehlt nur noch, dass die Frau-Mann-Geschichte wieder ganz ins Lot kommt. Die Perspektiven sind gut.

Schreiber hat mir vorhin zugezwinkert.

Was für ein Geburtstag! Zum ersten Mal habe ich ihn am Meer gefeiert, zum ersten Mal mit meiner kleinen Familie. Ich bin noch ganz beschwipst vor Glück! Auch wenn ich außer einer Schachtel *Baci* und der neuesten *Gala* nichts geschenkt bekommen habe.
Mein Liebster hat ein wunderschönes Picknick am Strand organisiert. Wir haben im Wind getanzt, Herzen in den Sand gemalt und laut »tanti auguri« gesungen.
Ich stehe im Badezimmer und genieße die Ruhe. Diese Tage hier auf Sardinien sind einmalig. Ich spüre, wie ich weicher werde, weniger ängstlich, wie gut es tut, die Zeit einfach so verstreichen zu lassen. Auch unsere Kleine ist sehr friedlich, sie macht nun jeden Nachmittag regelmäßig Siesta. Ich wickle mir ein Handtuch um und gehe zu ihr ins Zimmerchen. Sie schläft mit nach oben ausgestreckten Armen auf ihrer Decke, atmet tief und ruhig. Dann gehe ich ins Wohnzimmer.
Schneider liegt auf dem Sofa, liest und hat nicht sehr viel an. Das warme Wetter lullt uns ein. Gut sieht er aus, braun, gesund. Als ich ihn kennenlernte, habe ich mich in seine Handgelenke verliebt. Später dann noch in seine Füße. Und in seine Ohrläppchen. Und – wenn ich mir das so recht überlege, dann verliebe ich mich gerade von Kopf bis Fuß in ihn. Hoppla, jetzt ist mir doch grad das Handtuch runtergerutscht, also so was ...

Habe ich zwei Mal das gleiche Foto nachbestellt? Das hatte ich doch vorhin schon in der Hand ... Ich greife in den Stoß der gesichteten Bilder und halte die beiden Kopien nebeneinander. Ah, jetzt sehe ich es: Hier hält Zaubermaus das rechte Händchen offen, auf dem anderen Bild aber ballt sie es zum Fäustchen.

Klick, Klick, Klick

Ich seufze. Vielleicht sollte ich mir den Wechsel zur digitalen Fotografie überlegen, denke ich, als ich die Fototürme auf dem Tisch betrachte. Erinnerungen der vergangenen sechs Monate – inklusive Hunderter von brandneuen Ferienfotos.

Denn seit wir ein Kind haben, entdecke ich pausenlos reizvolle Motive. Ich lasse keine Lichtstimmung aus, die dem Gesicht meiner Kleinen eine neue Nuance entlockt. Natürlich habe ich auch alle Besucher abgelichtet, die Zaubermaus im Arm hielten. Ich knipste, wenn Alma schlief, wenn sie einen neuen Strampelanzug zum ersten Mal trug, wenn es den Anschein machte, dass sie lächeln würde, wenn sie schrie, wenn sie dann wirklich das erste Mal lächelte – da war ich vollends berauscht und ließ einen ganzen Film durch –, wenn sie sich auf den Bauch drehte, vorwärts kroch, rückwärts auch, und selbstverständlich lichtete ich dauernd Schreiber mit Kind ab, und per Selbstauslöser Schneider mit Kind sowie Schreiber und Schneider mit Kind.

Marlene Dietrich fühlte sich zu Tode fotografiert? Die hat mich nie kennengelernt!

Ich kann mich noch gut daran erinnern, wie mein Liebster vor Jahren für eine Reisereportage auf die Lofoten in den hohen Norden reiste. Er erzählte mir damals spöttisch von all den Touristen, die vor lauter Knipserei die Wale nur mit der Kamera vor den Augen zu Gesicht bekommen hätten.

Da geht es ihm jetzt nicht anders: Unsere Zaubermaus ist der Wal, Schneider der Tourist.

Was mich nicht stört. Denn ich finde es großartig, dass er jeden Augenblick festhalten möchte. Ich kann mich selbst gar nicht satt sehen an unserem Töchterchen und freue mich schon jetzt aufs Altersheim: Denn dort werden Schneider und ich eines Tages auf dem Sofa sitzen, unsere gesammelten Bildbände durchblättern und uns an die turbulente und aufregende Zeit anno dazumal erinnern.

Wobei das mit den Bild*bänden* gar nicht so sicher ist, denn im Moment arbeitet sich Schneider erst mal ächzend durch seine Bilder*berge*: Mein Liebster türmt die Fotos thematisch sortiert zu kleineren und größeren Haufen. Und wehe, ich möchte einen Blick darauf werfen! »Finger weg!«, brüllt er, »du bringst mein ganzes Konzept durcheinander.« Er rauft sich seine spärlichen Haare: »Es wird Jahre dauern, bis ich all die Fotos eingeklebt habe«, stöhnt er.

Womit ich wieder beim Altersheim wäre: Vielleicht sollte er sich diese Arbeit tatsächlich aufheben, denn es soll ja gut sein, wenn man als Rentner noch was zu tun hat.

Ich blicke vom Stadtplan auf. »Wir müssen um 8:30 Uhr aus dem Haus. Am besten stehen wir um sieben auf.« Mindestens. Denn ich will pünktlich zu diesem Frühstück erscheinen.
Schneider nickt, schaut sehr ernst und sagt: »Ich denke, das reicht nicht. Vielleicht sollten wir kurz nach Mitternacht aufstehen, damit wir es rechtzeitig schaffen? Oder besser gar nicht erst ins Bett gehen?«
Sehr witzig!
Schneider hat kein Problem damit, zu spät zu kommen. Er findet es auch völlig okay, die Hälfte der Dinge, die wir dabeihaben müssten, nicht dabeizuhaben.
Mir wird einmal mehr klar, dass alles an mir hängen bleibt. Dass ich es bin, die die Milchflasche vorbereitet und drei Breigläschen einpackt; die den Babysitz bereitlegt; die genügend Ersatzklamotten dabeihat und die Wickeltasche nicht vergisst. Ich bin es, die daran denkt, den Regenschutz für den Kinderwagen mitzuschleppen, ebenso eine Gummihose, falls wir rausgehen. Ich werde das Mitbringsel verpacken müssen und dann auch noch anrufen, dass wir uns leider eine Viertelstunde verspäten.

Und Schneider? Der steht im Weg und wartet auf Anweisungen, weil er selbst nicht weiß, was zu tun ist. Manchmal fragt er: »Kann ich helfen?« Platz machen wäre schon was!
Ich falte den Stadtplan zusammen. Mein Entschluss ist gefällt: »Liebster?«
»Ja?«
»Du schläfst morgen aus. Das ist für uns alle das Beste.«

Konnte ich ahnen, dass aus dieser souveränen, berufstätigen Frau eine hektische Mutter würde, die ein unkompliziertes Frühstück bei Bekannten militärisch präzise angeht und dafür eine Ausrüstung braucht, die unseren alten Peugeot Kombi füllt?

»Du bist unmöglich«, sage ich. »Wir gehen frühstücken auf die andere Seite der Stadt. Mehr nicht, aber du packst Zeug ein, als würden wir eine Reise in die Mongolei unternehmen.«

»Du könntest ja zur Abwechslung mal mithelfen, statt nur herumzumeckern!«, schimpft sie.

»Ich bin dir eine Hilfe, meine Liebe! Wie oft habe ich die Kleine gewickelt, bevor wir aus dem Haus sind, weil sie in letzter Sekunde noch gekackt hat? Und wie oft hat sie genau dann gekotzt, als wir alle schon parat waren? Sei mal etwas lockerer! Mit einem Kind muss man nicht mehr pünktlich sein.«

Schreiber faucht: »Das warst du auch ohne Kind nie!«

Ich bleibe ruhig: »Und man kann auch nicht jede Eventualität voraussehen und dafür gewappnet sein!«

»Ach, du wärst wohl lieber ohne Windel unterwegs, was?«

Genau. Das wäre ich gerne. Ich wäre gern ein Gorilla, der durch den Dschungel zieht, sein Weibchen und das Junge beschützt, Futter sucht, Schlafplätze auswählt. Ohne Gepäck. Stattdessen schleppe ich alles in den dritten Stock hoch, was Schreiber für eine einfache, unkomplizierte Einladung dabeihaben will. Macht das etwa ein Gorilla?

Nein. Das machen Esel.

»Jooo, du, guguseli, du Schätzeli, du Liebi, du Süeßi!«
Zaubermaus liegt auf dem Wickeltisch. Sie hat eine volle Portion gemacht, es riecht stark, und ich flöte: »Du Stinkerli, schmöcksch wienes Mischtstöckli, du Schätzeli!«
Eine ziemliche Sauerei, ein ziemlicher Gestank, denke ich.
»Sterntalerli, Zaubermüsli, Böhndli!«
Sie quietscht vor Vergnügen und lächelt mich goldig an.

ER

Ich erinnere mich gut, wie ihr Kacka früher süßlich nach Curry roch, eine entsprechende Farbe und Konsistenz hatte und ganz sicher dazu diente, die Bindung zwischen Kind und Eltern noch stärker werden zu lassen. So eine Art chemische Kriegsführung des Babys, um Mama und Papa um den Finger zu wickeln.

Auf dem Wickeltisch

Und es wirkt nach: Ich wickle gern. Seitdem sie auch Brei futtert, ist es natürlich nichts mehr mit süßlichem Curry – der neue Stuhl riecht deutlich weniger appetitlich. Das Saubermachen ist aber weiterhin eine befriedigende Arbeit, denn man sieht sofort blitzsaubere Resultate.
»So, jetzt machen wir das Titi weg«, sage ich zur Kleinen. Titi sagt eigentlich Schreiber. Ich sage Kacka, so heißt's auch auf Italienisch: *caca.* Und jetzt, als ich gerade die volle Windel unter ihrem Po hervorziehe, da läuft auch noch Pipi raus.
Ich rufe sofort nach Schreiber: »Komm sofort her, hier bildet sich gerade der berühmte ›Titicacasee‹!«

Grundsätzlich finde ich, dass unser Baby gut riecht, egal was es in der Windel hat. Das ist von der Natur genial eingefädelt, man ekelt sich einfach nicht vor der Kacke der eigenen Kinder. Geht nicht. Andere Babys stinken, das eigene duftet.

Was mich aber irritiert, dass mein Liebster nur dann so zärtlich auf volle Windeln reagiert, wenn die Arbeitsbedingungen optimal sind: also daheim.

Sind wir unterwegs, riecht der Vater meiner Tochter rein gar nichts: Wir sitzen mit Almas Patentante und ihrem Mann in ihrer Küche und essen Rüeblikuchen. Ich schnuppere – ja, eindeutig, das ist unsere Tochter. »Du, die Kleine sollte gewickelt werden!«, sage ich. Schneider sagt: »Ja«, nippt am Kaffee und erzählt lachend von seinem Sprachspiel mit dem See in Südamerika, welches er unheimlich komisch findet. Haha, denke ich müde. Ich könnte unsere Zaubermaus rasch selber wickeln – aber es stinkt mir.

Ich gebe Schneider zwei Minuten: »Duhu, die Windel! Schon vergessen?«

Er: »Was vergessen? Du hast ja nicht gesagt, dass ich sie wickeln soll. Du hast nur gesagt, dass die Kleine ganz generell gewickelt werden sollte.« Dann redet er mit Christoph ganz generell über die Frauen, die sich generell nie direkt, sondern nur indirekt ausdrücken ...

Ich und Almas Patin schauen uns an. Nie direkt?

Das kann ich ändern: »Wickel die Kleine! SOFORT!«

Schau mal –

der Titicacasee!!

Tick, tack, tick, tack.
Wir sitzen vor dem Wecker. Dem gleichen Wecker, mit dem ich damals die Dauer der Wehenpausen maß, als Schreiber in der Badewanne lag und unsere Zaubermaus auf die Welt kommen wollte. Das ist unendlich lange her. Zaubermaus ist schon bald acht Monate da. Sie lernt gerade »Mama« sagen.

Jedes Kind kann schlafen

Tick, tack, tick, tack.
Sie hat auch gelernt, Gegenstände – zum Beispiel die Bauklötze – richtig zwischen die Finger zu nehmen, damit auf den Boden zu schlagen und den Geräuschen zu lauschen.
Tick, tack, tick, tack.
Nur das Einschlafen, das hat sie noch immer nicht gelernt. Schlafen findet sie doof.
Tick, tack, tick, tack.

ER

Wir würden uns manchmal so gerne um acht einfach nur noch vor den Fernseher fläzen und »Tatort« schauen.
Tick, tack, tick, tack.
Stattdessen: Jeden Abend der gleiche Kampf. Sie ins Bett, wir raus, sie schreit, wir rein, sie lacht, wir raus, sie schreit und so fort.
Tick, tack, tick, tack.
Aber es gibt ja ein Buch, nach dem jedes Kind schlafen lernen kann. Wir haben es gelesen und wollen uns daran halten.
Alma schreit wie am Spieß. Bald dürfen wir wieder rein, um sie zu trösten.
Tick, tack, tick, tack.
Und ich weiß jetzt schon: Das ist keine Lösung!

Ich drehe fast durch. Drei Minuten sollen wir sie weinen lassen. Aber die Kleine weint nicht, sie schreit sich die Seele aus dem Leib. Schneider und ich sehen uns an. Wir leiden beide. Alle drei, genau genommen.

Aber wir haben beschlossen: Zaubermaus muss lernen, alleine einzuschlafen. Wir können nicht mehr jeden Abend mehrere Stunden damit verbringen, sie ins Bett zu bringen.

Darum haben wir uns ein Buch gekauft. Wir müssen durchhalten, sagen wir. Wir wollen uns nicht länger jeden Abend die Klinke in die Hand geben und keine Zeit füreinander haben.

Schneider schaut auf die Uhr. Noch eine halbe Minute.

Im Buch steht, dass sich das Kind selbst beruhigen muss. Und dass sich der Klang der Stimme mit der Zeit verändert. Stimmt. Jetzt klingt unsere Tochter nicht mehr traurig, sondern zornig. Sie schreit und tritt gegen das Bettchen. Mann, hat die Energie! Ich bin beeindruckt.

Noch zwanzig Sekunden.

Im Buch steht, dass sich das Kind in der Regel selbst in den Schlaf weint.

In der Regel!

Drei Minuten! Wir stürzen ins Zimmer. Unsere Tochter schluchzt, dann lächelt sie, streckt die Arme nach uns aus. Wir heben sie aus ihrem Bettchen, und ich habe das Gefühl, mein Kind wochenlang nicht mehr gesehen zu haben. Das Wiedersehen ist innig. Auch Schneider ist erleichtert.

Und ich weiß: Jedes Kind kann schlafen lernen. Unseres aber nicht auf diese Weise!

Baby-Watching

Wir haben letztes Jahr einen umfassenden Geburtsvorbereitungskurs absolviert: sechs Abende zu zwölft im Geburtshaus zugebracht. Nun sind alle Kinder auf der Welt, alle gesund; eines kam einige Wochen zu früh, ein anderes mit Kaiserschnitt. Die Geburtsanzeigen sind hin und her geschickt worden, Bilderbücher auch, jetzt ist es Zeit für eine Zusammenkunft. »Baby-Watching«, wie Schreiber gemeint hat. Von einem Mädchen haben wir bereits Wunderdinge erfahren: dass es schon fast gehen kann und alle Zähne hat. Wollen wir mal sehen! Ich glaube, unser Baby ist nämlich auch schon ganz schön weit.

Wir fahren ans andere Ende der Stadt in ein schickes Trendviertel: Neue Lofts zwischen alten Fabriken, die S-Bahn donnert ab und zu auf einer Hochbrücke vorbei, die Stadtautobahn dröhnt. Auf der anderen Seite hinter den Häusern aber rauscht der Fluss und rascheln schöne, alte Pappeln. Na, ja, manchmal muss auch ich zugeben, dass Zürich faszinierende Seiten hat.

Wir klingeln, und schon stehen wir mitten unter frischgebackenen Eltern und Babys, von denen ein paar – nein, eigentlich alle schreien. Süß, aber laut. Als Erstes mustere ich mit prüfendem Blick die Kleinen der anderen. Dann werfe ich Schreiber einen Blick zu und nicke: Unseres ist das Hübscheste, das Sportlichste und das Intelligenteste.

Ich freue mich auf das Fest.

Sechs Schreihälse und zwölf stolze Eltern. Der Lärmpegel ist hoch. Ich blicke zu meinem Liebsten. Unsere Tochter sitzt auf seinem Schoß und greift wild nach dem Kuchen auf dem Teller.

Stark ist sie, stolz ist er.

Marianne erzählt, dass ihr Sohn deshalb motorisch derart weit sei, weil sie mit ihm ins Babyschwimmen gehe. Anna meint, für die körperliche Entwicklung sei die nepalesische Babymassage toll, sie wisse das aus Erfahrung – ich nicke schweigend. Hansgeorg – schon im Vorbereitungskurs ein Streber – fragt in die Runde, ob jemand vom Angebot: »Yoga für Babys« gehört habe? Gaby erzählt, wie spannend sie Pekip fände. »Pe-was?«, fragt mein Liebster und entlarvt sich sofort als Rabenvater. Gaby: »Pekip ist ein handlungsorientiertes Konzept zur Familienbildung.« Schneider sagt »Aha!« und schaut mich fragend an.

Ich weiß nur, dass in Zürich jede mittelprächtig engagierte Mutter mit ihrem Kind Pekip macht. »Da krabbeln Kinder nackig auf Matten herum und die Eltern schauen zu«, ergänze ich. Gaby schaut streng: »Na, ganz so salopp kann man das nicht beschreiben, aber es ist nicht jederfraus Sache.«

Alle nicken, während meine Tochter gerade versucht, den Kuchen mit der Gabel auf den Boden zu schmeißen – meiner Ansicht nach eine fantastische Leistung für ein acht Monate altes Kind.

Vor allem, wenn man bedenkt, dass dieses arme Kind bisher nicht gefördert wurde.

Ich lasse mich durch die Nebelschwaden treiben. Thermalbaden ist die beste Entspannung. Schneider paddelt mit unserer Kleinen im Arm durch das Becken. Ich beobachte ihn scharf, denn er hat manchmal eine etwas übermütige Art.

Auch in Sachen Wohnort ist er seit diesem gemeinsamen, nächtlichen Spaziergang vor einigen Monaten übermütig. Auf dem Weg hierher hat er behauptet, ich sei reif, mit ihm aufs Land zu ziehen. Zum Beispiel hierher, nach Bad Zurzach. Die volle Provinz. 4000 Einwohner, kein Kino. »Dafür ein Thermalbad, nette Leute, viel Natur – und meine Eltern ganz in der Nähe«, erwiderte er auf meinen Einwand. Er irrt sich. Ich will zwar in eine andere Wohnung, aber ganz und gar nicht aufs Land.

SIE

Schneider schwimmt mit Zaubermaus davon. Ich mache ein paar kräftige Züge und folge ihnen zur Sicherheit.

Nein, im Gegensatz zu Schneider träume ich von einer netten Wohnung mit kleinem Garten und lustigen Nachbarn in Zürich.

Baden gegangen

Wo sind sie jetzt hin? Ohne Brille sehe ich in diesem Dampf noch weniger. Habe sie vor lauter Gedankenspielen aus den Augen verloren. Im Sprudelbecken sind sie nicht. Er ist doch wohl hoffentlich nicht im Fließbecken, wo einen die gewaltige Strömung mitreißt! Wehe! Dann kriegt er Ärger.

Da sehe ich meinen Schneider auf einmal hektisch aus dem Becken klettern. Ärger scheint er bereits zu haben!

Als wir das letzte Mal im Thermalbad waren, habe ich mich unter Wasser versehentlich an die falsche Frau rangemacht. Damals war Zaubermaus noch im Bauch – jetzt schwimmt sie zum ersten Mal mit mir hier im Becken.

Ich halte sie zärtlich, und sie paddelt staunend mit ihren Beinchen. Ich küsse ihren nassen Nacken und ihr noch fast immer kahles Köpfchen! Große Gefühle übermannen mich! Ich koste dieses Glück bis in die letzte Pore!

Das warme Wasser tut mir gut! Hier könnte ich leben, denke ich zum wiederholten Male. Das Thermalbad vor der Haustüre, frische, gesunde Luft, die Menschen sagen »Grüezi« auf der Straße und lächeln einen an.

Hier hat nicht jeder die Ellbogen draußen wie in Zürich, wo sich hauptsächlich alles um Geld, Kleider und Karriere dreht. Hier haben die Leute einen Namen – in der Großstadt haben sie nicht mal ein Gesicht.

Ich lasse mich mit meiner Tochter sachte im Wasser treiben.

In meinem Nacken spüre ich Schreiber. Ich weiß, sie lässt uns nicht aus ihren kurzsichtigen Augen, immer besorgt, dass ich irgendetwas falsch mache. Aber ich mache nichts falsch – nur anders.

Zaubermaus schaut mich mit großen Augen an. Süß! Auf einmal zieht sie den Kopf ein, verzieht den Mund – und mir schwant Übles. »Nein, Alma, nicht!«

Zu spät!

Eine braune Säule steigt an die Wasseroberfläche.

Ich glaube, ich sitze in der Scheiße!

Perfekt! Die Kleine ist ohne Theater eingeschlafen! Dieser Abend gehört uns. Und der Moderator bin ich. Mein Programm: Wir sitzen am Küchentisch und schreiben uns die Meinung. Jeder von uns beiden darf fünf Dinge nennen, die ihm wichtig für die Beziehung sind und die er dem anderen schon lange mal mitteilen wollte. Die Idee stammt noch aus unserem Geburtsvorbereitungskurs. Eine tolle Idee, finde ich, und wir hätten uns viel früher mal daran erinnern sollen.

Die Beziehungsliste

ER

Ich nehme den Stift zur Hand, denke: Eigentlich ist es ganz einfach, und beginne zu schreiben.
Erstens: *Mehr Sex.*
Zweitens: *Weniger endlose Diskussionen über deine berufliche Zukunft.*
Drittens: *Weniger Ängste um die Kleine.*
Viertens: *Weniger Ansprüche an mich.*
Fünftens: *Mehr Sex.*
Ich halte inne und lese die Liste durch.

Wenn Schreiber das liest, kriege ich Probleme. Ich nehme einen Schluck Wein. Und beginne von vorn.

Erstens: *Es gefällt mir, wie du zu unserer Kleinen bist.*
Zweitens: *Ich bin von deinen beruflichen Fähigkeiten überzeugt. Du wirst den Anschluss nicht verlieren.*
Drittens: *Unser letzter Liebesnachmittag war ein toller Anfang.*
Viertens: *Ich danke dir, dass du geduldig bist mit mir.*
Fünftens: *Ich begehre dich.*

Ich lese die Liste durch. Dasselbe wie vorher. Aber diplomatisch. Schreiber wird mich lieben!

»Wie bitte, eine Liste?« Schneider nickt. Ich staune. Sonst hält er wenig von solchen Psychospielen. Aber die Idee hat was.

Na gut, dann mal los.

Ich zücke den Kugelschreiber.

Erstens: *Mehr Rücksicht. Ich wünsche mir, dass du Dinge spürst und nicht immer darauf wartest, bis ich sie klar und deutlich sage. Es ärgert mich nämlich, dich dauernd darauf hinweisen zu müssen, dass du wieder mal mit Straßenschuhen durch die Wohnung latschst, die Kleine zu dünn anziehst, eine Runde mit dem Staubsauger drehen könntest.*

Schneider schaut über den Tisch: »Eine Liste, keinen Roman«, sagt er.

Zweitens: *Dass ich mal meine Ruhe haben kann! Ein paar Stunden ganz für mich allein, Stunden, in denen ich nicht die Wäsche mache, die Fenster putze, den Kühlschrank abtaue, sondern Stunden, in denen ich einfach rumhängen kann ohne schlechtes Gewissen.*

Drittens: *Eine Wanderung mit dir. Wir müssen deine Eltern fragen, ob sie unsere Kleine für einen Tag hüten.*

Viertens: *Sei nicht immer so streng mit mir.*

Fünftens: Hm! Ich überlege, wie ich das am besten schreiben soll. Ich hab's:

Ich liebe dich, auch wenn ich dich noch nicht ganz so oft liebe, wie du es eigentlich liebst …

1. Mehr Sex
2. Mehr Sex
3. Mehr Sex

Ein rechter Braten

ER

Toni hat uns zum Grillen eingeladen.

Da ich es im Gegensatz zu früher in diesem Sommer nie abends zu ihm ans Lagerfeuer geschafft habe, hat er sich wohl gedacht, er biete einen familienfreundlichen Anlass am Sonntagnachmittag. Schreiber wollte zuerst gar nicht mitkommen, aber ich habe sie überredet. Toni soll sehen, wie schön es ist, Familie zu haben!

»Was soll ich einkaufen? Worauf hast du Lust?«, frage ich Schreiber. Sie ist eigentlich eine Genießerin, liebt Lamm und Kalb und – als Bayerin – natürlich auch einen rechten Schweinebraten. Doch seit wir das Baby haben, steht sie auf Bio, und die Lust auf Fleisch ist ihr ein wenig vergangen. Vor allem, als mal ein Prospekt im Briefkasten lag: auf dem Titel ein Kälbchen mit großen Augen, drinnen dann Fotos von einem blutigen Schlachthof.

Sie meint: »Mir reicht ein Gemüsespieß, weißt du, mit Paprika, Zucchini, Champignons und so.«

Mir nicht. Ich gehe zum Kühlschrank und sehe nach. Das Gemüsefach ist leer. Ich öffne die Tür des Gefrierfachs, vielleicht haben wir gefrorene Würste.

Schreiber ruft: »Petersilie ist da und sonst nix«, aber im zugeeisten, schneeberieselten Fach finde ich hinten unter der Dose mit der Petersilie einen zerknautschten Plastiksack mit dunkelrotem Inhalt. Typisch. Schreiber ist ja so was von vergesslich. Ich flöte: »Und wir haben doch Flei-isch ...«

Ich schaue in die Flammen. Die Kleine kriecht in ihren Gummihosen durch den Garten. Schneider mixt gerade einen Cuba libre. Er darf sich amüsieren – ich fahre. Mir ist nicht nach Amusement zumute, bin ja nur meinem Schneider zuliebe hier. Toni ist nicht ganz mein Typ. Ich zähle ihn zur Sorte Macker, die im Grunde Angst vor starken Frauen hat.

Und nun das! Seine Einladung brachte an den Tag, was acht Monate unbemerkt im Gefrierfach unseres Kühlschranks lag: die Plazenta. Im Geburtshaus hatten sie sie uns in die Hand gedrückt und vorgeschlagen, sie im Boden zu vergraben und dort einen Baum zu pflanzen. So würden das viele Urvölker machen. Wir sind kein Urvolk, sondern Städter, wir haben keinen Garten und außerdem war es damals Winter. Gut, wir hätten sie auch in die Kadaversammelstelle bringen können, aber das war zu viel für uns frischgebackene Eltern. Darum haben wir sie erst einmal im Gefrierfach zwischengelagert. Und vergessen. Meine Beziehung zur Plazenta hat sich offenbar sehr schnell abgekühlt.

Mein Liebster kommt auf mich zu, in der einen Hand ein Glas Rum mit Cola, in der anderen ein Glas Wasser und sagt: »Ich habe gerade mit Toni gesprochen. Er hat nichts dagegen, wenn wir die Plazenta in seinem Garten vergraben und dort zum Beispiel eine Rebe pflanzen. Was meinst du?«

Nur eines: Besser spät als nie!

E
R

Was ich gleich versuchen werde, führt vielleicht dazu, dass ich mir meine Bandscheibe abquetsche oder die Schulter ausrenke. Aber darauf kann ich jetzt keine Rücksicht nehmen. Ich muss handeln! In unserer Wohnung herrscht nacktes Chaos: Der Esstisch im Wohnzimmer ist in der linken Ecke Schreibtisch, in der rechten Postamt und in der Mitte Fotolager. Unser Arbeitszimmer ist gleichzeitig Gästezimmer, Kinderzimmer, Kleiderkammer, Bibliothek und Gerümpelablage. Gestern haben wir auch noch von einer Bekannten ein gebrauchtes Gitterbett für unsere Tochter bekommen. Jetzt ist überhaupt kein Platz mehr.

Akuter Platzmangel

Ich stemme den Bauernschrank, ein altes, massives Teil, aus dem Zimmer raus. Mir steht der Schweiß auf der Stirn, aber ich möchte endlich in unserer Wohnung ein richtiges Kinderzimmer einrichten. Dazu muss ich später noch das Ersatzbett verschieben und das Bücherregal neu in der Zimmermitte montieren und als Trennwand nutzen. So mache ich aus einem Zimmer zwei.

Es lässt sich hier nämlich schon noch eine Weile leben, wenn man da und dort ein wenig aufräumt, umräumt, neu strukturiert. Ein Kinderzimmer, ein Arbeitszimmer inklusive Elternzimmer, ein Wohnzimmer. Ja! Auf diese Weise wird diese Wohnung dann, mit all ihren Nachteilen, noch eine Weile genügen – und wir können ganz entspannt nach etwas Nettem, Geräumigem, Ruhigem auf dem Land suchen.

Ich spaziere mit meiner Kleinen durchs Viertel. Zuhause ist's zu eng, die Decke fällt mir auf den Kopf. Schneider und ich streiten uns deswegen, wir haben einfach zu wenig Platz! Und weil alle Schränke und Regale überquellen, kann ich gar nicht mehr richtig aufräumen.
Schneider nutzt diesen Umstand aus und versucht seit einigen Wochen, mich für die Provinz zu begeistern. Aber Mutti auf der grünen Wiese? Thea würde sich schlapp lachen. Und Manu sich Sorgen machen. Nein, ich bin ein Stadtmensch. Habe schon meinen Job an den Nagel gehängt. Mehr von meinem alten Leben kann ich nicht aufgeben – sonst bleibt ja gar nichts mehr von mir übrig!
Mein Spaziergang führt mich am See entlang, den Hügel hinauf, an einem Abenteuerspielplatz vorbei. Grün ist es, ruhig, Sicht bis in die Berge. Toll! Viele teure Villen gibt es hier, aber ich spaziere auch an vernünftigen Familiensiedlungen vorbei.
»He, du hast ein Kind bekommen?«, ruft eine Stimme.
Ich drehe mich um: Die Stimme gehört einer alten Bekannten. »Du wohnst hier in der Gegend?«, frage ich, dann plaudern wir, und irgendwann jammere ich wegen des Wohnungsmangels. Sie lächelt und ich frage: »Weißt du irgendetwas Preisgünstiges in diesem Viertel?« Meine Bekannte nickt: »Ja – meine Wohnung. Aber du musst dich sehr rasch entscheiden!«
Mir bleibt die Luft weg!
Sehr rasch, sagte sie?
Ich habe mich sofort entschieden!

Der Wohnungs-Jackpot

»Das ist nicht wahr!«, entrüste ich mich.
»Doch. Wir ziehen um! Fantastisch, nicht?«
»Das ist unglaublich! Du mietest eine Wohnung, ohne mich zu fragen? Spinnst du?«
»Ich habe sie nicht gemietet! Ich habe sie reserviert. Wir werden sie jetzt sofort gemeinsam anschauen, keine Panik. Du weißt, wie das hier in Zürich zu und her geht, da muss man blitzschnell sein, sonst kriegt man nichts. Also, hopp!«
Ich denke blitzschnell nach. Das letzte Mal, als Schreiber so überstürzt gehandelt hat, hatte sie unsere Kleine im Hort angemeldet. Damals war sie gerade mal im vierten Monat schwanger. Ich wehrte mich erfolgreich und konnte durchsetzen, dass sie die Anmeldung zurückzog. Auch dieses Mal muss ich in den Kampf ziehen. Schließlich wechselt man die Wohnung nicht eben mal so schnell wie eine volle Windel. Und überhaupt: Ich will ja raus aus der Stadt und nicht vom Regen in die Traufe!
Sie blickt mich erwartungsvoll an: »Das ist eine einmalige Gelegenheit! Am Montag wird die Wohnung in der Zeitung und im Internet inseriert – dann ist es zu spät! Vertrau mir! Du musst dir die Wohnung sofort anschauen!«
»Zuerst einmal musst du dir diese Wohnung hier anschauen!«, erwidere ich sauer.
Schreiber, ganz atemlos: »Toll, du hast Staub gesaugt! Superlieb von dir, komm jetzt, schnell!«
Ich spüre meine Bandscheibe. Wenigstens die weiß, was ich geleistet habe.

Natürlich hat er die Nase gerümpft, als wir mit dem Auto losfuhren. Und gesagt, das sei ja eine rechte Spießbürger-Gegend. Und gedroht, gleich wieder wegzufahren, das Haus sehe zu trist aus.

Seit wir aber in der Wohnung sind, hat sich seine Laune verbessert. Das liegt wohl an meiner geschiedenen, attraktiven Bekannten, die uns erzählt, wie nett hier alle seien. Sie fährt sich durch ihre wilden Locken und lacht meinem Schneider direkt ins Gesicht. Er lächelt zurück, und sie zupft ihren Rock zurecht. »Mit drei pubertierenden Söhnen brauche ich einfach ein Zimmer mehr.« »Und du hast etwas Größeres gefunden?«, fragt Schneider. Sie nickt: »Wir haben großes Glück!« Schneider schmachtet sie an. Männer sind ja so simpel!

Aber Frauen sind clever.

Ich will diese Wohnung. Sie ist der Wahnsinn! Vier Zimmer, Terrasse, Spielplatz vor der Türe, zahlbar. Ganz Zürich sucht Wohnungen und ich finde eine beim Spazierengehen. Meine Bekannte nickt: »Wenn ihr euch sofort entscheidet, rufe ich die Liegenschaftsverwaltung an. Ich habe bis heute Zeit, einen Nachmieter vorzuschlagen.« »Genial!«, sage ich. »Also ich weiß nicht«, erwidert Schneider. Ich spiele meinen Trumpf aus und sage zu meiner Bekannten: »Ich finde es toll, dass du in dieser Siedlung in eine größere Wohnung ziehst. Dann werden wir ja wieder Nachbarn!« Schneider sagt: »Ach ja?«

Diese Runde geht an mich.

S
I
E

Gemischte Gefühle

Meine Schwiegereltern hüten die Kleine. Für uns bedeutet das: ein Nachmittag samt Abend zu zweit! Wir sitzen in unserer ehemaligen Lieblingsbar, die mittlerweile eine Lounge geworden ist, und nippen am Weißwein – später gehen wir essen, dann ins Kino! Toll!
Fast wie früher! Nur werde ich das Gefühl nicht los, etwas vergessen zu haben. Denn ungewohnt ist die Ruhe schon, so ohne ein Kind, das immer gleich die Tischdekoration abräumt und in Speisekarten beißt. Ich sehe mich ein bisschen um, während Schneider die Weinkarte studiert – und meine Gedanken schweifen zur neuen Wohnung. Seit Tagen bin ich ganz angespannt und warte sehnlichst auf die Antwort der Liegenschaftsverwaltung. Die Chancen stehen gut, ich weiß, aber man kann sich der Sache einfach nicht sicher sein. Ich mache mir Mut: »Prost! Auf dass wir die Wohnung kriegen!«, und halte mein Glas über den Tisch. Schneider greift blind zum Weißwein, stößt an, sagt: »Warten wir's ab!« und liest weiter. Ist ein bisschen mufflig, der Gute. Ich glaube, er bereut, dass er zu der Wohnung Ja gesagt hat. Aber da mache ich mir keine Sorgen. Sind wir erst mal dort, dann wird er sich bald wohlfühlen. Das spüre ich. Diese Siedlung passt perfekt zu uns!
Das Handy vibriert! Ich schaue aufs Display. Die Liegenschaftsverwaltung!
Tief Luft holen. Unsere Zukunft entscheidet sich – gleich jetzt!

»WIR HABEN SIE!!!«, kreischt Schreiber. Die Leute starren zu uns herüber: In dieser Umgebung gibt man sich normalerweise angestrengt entspannt. »Wir müssen sofort mit Packen beginnen! Könntest du morgen Schachteln mit dem Auto organisieren? Ich frage deine Eltern, ob sie unsere Kleine noch häufiger hüten können, denn wir müssen vorwärts machen! Zum Glück habe ich eine Idee, wer unsere Wohnung sofort übernehmen würde.«

Schreiber ist aus dem Häuschen, im Siegesrausch – und wird aus diesem Umzug ihre nächste Lebensaufgabe machen. Sie sitzt ganz zappelig da, ihre Hände wühlen mal in ihren Haaren, mal hält sie ihr Gesicht, dann wieder meine Hände: »Ich kann's nicht fassen! Eine Wohnung mit Garten, und das in Zürich! Da kann ich Lavendel pflanzen, in der Sonne sitzen, nette Frauen kennenlernen.«

Sie bricht den Satz ab und schaut zu mir: »Ja, freust du dich denn gar nicht?«

Freue ich mich?

Doch! Der neue Ort ist natürlich besser, obschon mir Bob bestimmt fehlen wird. Auch das Umziehen sehe ich positiv: Entrümpeln, mehr Platz haben, einen Garten. Das wird unseren Alltag verbessern.

Andererseits kann ich nicht genau sagen, was mich mehr wurmt: dass wir weiterhin in Zürich wohnen bleiben, wo ich doch aufs Land wollte – oder die Niederlage gegen Schreiber!

Also sage ich: »Natürlich freue ich mich! Endlich mal eine rassige Nachbarin! Vielleicht joggt sie ja gerne!«

Feierabend! Unsere Tochter hat das Einschlafen ganz von alleine gelernt!

Die Gelegenheit, um meinen Liebsten ein bisschen zu verwöhnen. Wir wohnen mittlerweile nur noch zwischen eingepackten Kisten, das setzt Schneider zu. Er ist geschafft. Ich bin's ja, die die neue Wohnung unbedingt wollte – und er lässt mich das spüren.

Heute lass ich ihn was spüren.

Ich suche im Badezimmerschrank nach dem passenden Massageöl und finde drei Fläschchen Nagellack. Eingetrocknet. Weg damit! Hoffentlich schläft Schneider nicht ein. Hier, das australische Teebaumöl hat mein Fernwehgeplagter in die Beziehung eingebracht. Riecht furchtbar, doch mein Liebster wird jeweils ganz wehmütig, wenn er sich damit einreibt. Er will unbedingt mit uns nach Australien. Ich mit meiner Flugangst! Jetzt, da wir ein Kind haben, können wir das zum Glück vergessen.

Oder soll ich lieber das Johanniskrautöl nehmen? Ist sehr gesund. Pappt aber fürchterlich. Schneider hat sich mal an einem Abend seine spärlichen Haare damit eingerieben, in der Hoffnung, sie würden dadurch wieder sprießen. Ich konnte danach den Kopfkissenbezug wegwerfen. War ganz gelb vom Öl.

Das ist es: die Rosenblüten-Pflegemilch! Sie duftet nach Liebe. Ideal für meine Überraschung.

Ich verteile etwas Rosenmilch auf meiner Hand, schließe die Augen, schnuppere. Schneider, du kannst dich auf was freuen!

Schreiber steht in unserem Badezimmer.
Schon eine ganze Weile.
Was treiben Frauen immer so lange im Bad?
Dabei hätten wir jetzt mal Zeit, ein wenig miteinander zu plaudern.
Die Kleine schläft, und es ist auch noch nicht so spät, dass mir gleich die Augen zufallen.
Eigentlich könnten wir jetzt ja noch ganz andere Dinge tun.
Ich wüsste da einiges.
Sie müsste doch eigentlich auch merken, dass die Gelegenheiten rar sind und dass man sofort reagieren sollte, wenn sich eine Chance bietet. Ich weiß nicht, ich kapiere solche Situationen immer gleich blitzschnell. War ja auch erfolgreicher Torjäger, früher im Fußballverein. Schreiber wäre wohl eher der Torhüter, der muss sich nicht so viel bewegen.
Mist!
Jetzt komm doch endlich aus dem Bad!
Oder soll ich ins Bad?
Vielleicht wartet sie ja dort auf mich.
Nein, macht sie nicht.
Nun ja, nachsehen könnte ich trotzdem.
Ich stehe vom Sofa auf, fahre mit meinen Händen durchs Haar – und klopfe an die Badezimmertür. »Ja?«
Ich öffne. Was sehe ich?
Typisch.
Schreiber verlustiert sich mit ihren Cremes.
Statt mit mir!

Meine Eltern wohnen eine Stunde weit entfernt. In der Schweiz ist das eine Weltreise. Einmal im Jahr laden sie ihre vier Söhne mit Familie in ein gediegenes Restaurant ein. Nun ist es wieder mal so weit und das erste Mal, dass meine Tochter die ganze Schneider-Sippe auf einmal zu sehen bekommen wird.

Mein Papa, der von Anfang an gesagt hatte, es würde ein Mädchen werden, gibt die kleine Zaubermaus kaum noch her. Dieser Mann, der mit mir nur über Sport spricht, bei dem ich mich nicht erinnern kann, dass er mich je so richtig in den Arm genommen hat, mir mit der Hand über den Kopf gefahren ist oder mich mal geknufft hat: Dieser Mann wird durch unsere Kleine zum zärtlichsten Nonno, den man sich vorstellen kann. Er lässt sich von ihr die Wangen streicheln, tätscheln, kratzen – und er gibt seltsame Laute von sich, kichert, schmunzelt, streichelt.

Ich bin gerührt.

Selber Vater zu sein verändert den Blick auf den eigenen Vater. Vielleicht war er mit mir, als ich klein war, ja auch zärtlich? Oder wäre er gern so gewesen, konnte aber vor lauter Arbeit und Müdigkeit seine Buben nicht dauernd verschmusen?

Ich beuge mich zu ihm hinunter, lege meinen Arm um die beiden – und muss zugeben: Ich kann mich auch nicht erinnern, meinen Vater je so richtig gedrückt zu haben.

»Na, Papa, glücklich?«

»Klar! Immer, wenn es der FC Basel in die Champions-League schafft!«

Schön, dieser innige Augenblick zwischen meinem Liebsten und seinem Vater. Ich spüre, dass sie eine stärkere Beziehung zueinander bekommen.
Doch kaum freue ich mich über diesen Vater-Sohn-Frieden, brechen bei den Männern wieder die Hormone durch: Unsere Tochter wird in die Höhe gehalten und balanciert auf der einen Hand ihres Großvaters, knapp unter der Zimmerdecke. Sie lacht, ich halte den Atem an.
Dann wird sie mit Schwung heruntergeschwenkt, geknuddelt und nach einem dicken Kuss – allez hopp – vom Großvater zum Kindsvater geworfen. Das Kind kreischt, ich kriege fast einen Herzstillstand.
Kinderwerfen gehört bei der Familie meines Mannes zum fröhlichen Feiern. Schon während der Schwangerschaft wurde ich Zeugin solcher Flugstunden und ahnte, was auch unserem Kind einmal blühen würde. Zum Glück haben bisher alle anderen fünf Enkelkinder diese schneiderschen Flugstunden überlebt. Doch jedes Glück kann in Pech umkippen. Und ich will nicht, dass mein Kind statt in den Armen eines Schneiders in den Kartoffelchips landet.
»Aufhören! Und zwar sofort«, sage ich. Meine Schwiegermutter doppelt nach: »Ja, sofort!«
Die Männer schauen zu uns herüber und lachen. Sie erkennen den Ernst der Lage nicht: Hier stehen zwei traumatisierte Mütter!
Da tritt einer meiner Schwager zu mir und sagt: »Mach dir keine Sorgen. Auch wir wurden von unserem Vater als Kinder in die Luft geworfen.«
Sein Hinweis beruhigt mich zwar nicht, aber mir wird klar: Männer entwickeln sich einfach nicht weiter.

Dreißig Bananenschachteln sollten reichen.
Ich beginne mit dem Arbeitszimmer. Ein Umzug ist ja die tollste Gelegenheit, um auszumisten. Dachte ich. Doch nun merke ich, dass ich unnötig viel Zeit damit verschwende, alte Artikel zu lesen, die ich geschrieben habe: die Reportage über Schweizer Touristen in Peking, oder hier, meine Geschichte von diesem völlig verrückten Tanzfestival in Blackpool. Das war ja ein sooo anderes Leben! Alleine unterwegs, nächtelanges Schreiben, stolz sein auf den Text. Ich wühle mich durch meine Vergangenheit und bin ein wenig beeindruckt. Habe doch schon allerhand erlebt. Auch meine kleine Tochter wühlt mit. Sie krabbelt mittlerweile schneller, als mir lieb ist, und im Moment ist sie gerade dabei, mein Interview mit David Copperfield zu zerkauen.

Ich erschrecke: Druckerschwärze? Ist die giftig? Bleihaltig? Weg damit und Kinderfinger waschen!
Ich beschließe, mich von meiner Vergangenheit zu verabschieden und werfe tapfer meine Reportagen in den Müll. Meine Tochter holt die Seiten raus und reißt sie in Stücke. Ich komme vorwärts. Sehr, sehr langsam. Ich räume Bücher in die Kisten, meine Tochter klettert hinterher. Nach diesem Nachmittag in meinem Arbeitszimmer ziehe ich Bilanz: Aus jedem guten Text wird irgendwann Altpapier, kleine Kinder sind bei einem Umzug keine Hilfe, und dreißig Schachteln reichen nie und nimmer!

»Kannst du endlich mal die Kleine holen!«, rufe ich Schreiber zu, die im Arbeitszimmer Bücher auspackt und damit Regale füllt!

Kurz darauf steht sie dampfend in der Tür zum neuen Kinderzimmer: »Ich dachte, DU würdest dich um Alma kümmern!« – »Ja, aber da wusste ich ja noch nicht, dass ich die Lampe montieren soll, Gnädigste! Bohren und Babysitten geht nicht!«

Schreiber wirft mir einen bösen Blick zu und trägt unsere Tochter hinaus, die sich an der Leiter hochgezogen hatte, auf der ich stehe. Bald wird Alma laufen können und noch mobiler sein – und wir müssen noch besser Acht geben, denn sie ist schon jetzt ein wieselflinkes Krabbelkind.

Es gibt ja auch allerhand zu entdecken: Wir sind nun in der neuen Wohnung! Der Umzug ging gut, aber ich war erschüttert, wie viel Zeug sich allein schon seit der Geburt unserer Zaubermaus angesammelt hat! Entsprechend gibt es auch wieder viel einzuräumen, und Alma, die das große, helle Zimmer kriegt, zieht in einen mittleren Spielwarenladen mit lebensgroßen Kängurus und Babyelefanten, Plüschtieren, Murmelbahnen, mit dem Bauernschrank, einem Gitterbett, unserem alten Sofa und einer noch älteren Kommode, die Schreiber vor zwei Tagen auf dem Flohmarkt erstanden hat.

Platz haben wir schon wieder keinen mehr – wie in der alten Wohnung.

Und Streit auch. Wie in der alten Wohnung.

Ich sitze mit Toni am Lagerfeuer. Endlich wieder mal ein Männerabend! Es ist Herbst, die Blätter der Birke sind schon gelb. Ich schaue in den klaren, frischen Sternenhimmel. Es ist wie früher. Wir quatschen, trinken Cuba libre und nachher lege ich mich zum Übernachten aufs Sofa. Das Fleisch brutzelt über der Glut, und ich lausche den Frauenabenteuern, die Toni im Sommer erlebt hat.
»Und du?«, fragt er.

In ganz anderen Welten

»Na ja«, sage ich, »mein Leben hat auf einmal so eine Tiefe. Mit Kind ist es so, als ob sich das Leben irgendwie ausweitet.«
Toni lacht: »Du meinst eine Bewusstseinserweiterung? Cool, kann man sich also Drogen sparen, wenn man Kinder hat!«
»Quatsch! Das Leben kriegt einfach eine zusätzliche Dimension.«
»Sage ich ja«, lacht Toni.
»Vergiss es. Ich dachte nur, das würde vielleicht auch dir, äh, wie soll ich sagen ...«
»Meinem Leben Tiefe geben? Wenn ich ein paar Kinder habe? Das Problem ist, dass man dann ziemlich fix mit einer Frau zusammen sein sollte. Das ist nichts für mich.«
Ich blicke ins Feuer. Es hat keinen Sinn. Man kann als Vater nicht mit einem Nichtvater über die Gefühle sprechen, die man nun eben hat. Klappt einfach nicht. Es gibt keine gemeinsame Sprache dafür.
Er nimmt einen Schluck Rum, dann sagt er: »Du hast dich ganz schön verändert, mein Lieber.«
Richtig. Aber du, denke ich, du veränderst dich überhaupt nicht.

ER

Schneider erzählt mir von seinem Abend. Kommt mir bekannt vor. Seit wir ein Baby haben, kennen wir zwei Gruppen von Menschen: andere Eltern – und Nichteltern.
Ich erinnere mich an den Redaktionsumtrunk von letzter Woche. Man hatte mich eingeladen, ich freute mich. Thea trug hohe Absätze und erzählte mir von einem neuen Laden in der Altstadt: »Da gibt's Prada-Taschen zwanzig Prozent günstiger!« Ich dachte: die Windeltaschen auch?
Sie hob ihren Fuß in die Luft: »Guck mal. Stuart Weitzman. Wahnsinn, nicht?«
Eher wahnsinnig unbequem, schien mir, sagte aber »chic!« und stutzte: Wohin hatte sich mein einst ausgeprägter Konsumtrieb verkrochen? Wenn ich an all die Einkäufe dachte, die ich allein in der Mittagspause machte! Der halbe Lohn ging für schwarze Schuhe drauf!
Ich lächelte meinem alten Chef zu, der genauso schlecht aussah wie früher. Und auf einmal merkte ich, dass die Zeit hier in der Redaktion stillgestanden ist, während ich auf ganz anderen Schienen durch eine ganz neue Welt raste.
Thea riss mich aus den Gedanken und fragte: »Wann schreibst du wieder mal was für uns?« Ich atmete auf. Diese Frage hatte ich herbeigesehnt!
Thea kam näher und sagte leise: »Du hast sicher viel Zeit, oder? Ich kann mir nämlich einfach nicht vorstellen, dass jemand mit Grips und Ehrgeiz von einem kleinen Baby gefordert werden kann.«

Nicht alles, was Schreiber instinktiv spürt, macht Sinn – aber dieses Mal war Schreibers Intuition goldrichtig: Es ist toll, im Erdgeschoss zu wohnen. Ich brauche nicht mehr auf Zehenspitzen zu gehen, weil eine alte, sensible Dame unter uns den ganzen Tag lauscht. Heller ist es, ruhiger, gemütlicher. Auch die Siedlung finde ich echt nett.

Nette Nachbarn ...

Das sagt auch die Frau mit den beiden Mädchen, die auf dem Spielplatz steht. Wir alle tragen dicke Jacken. Alma sitzt auf dem Kiesplatz, steckt sich Steine in den Mund und spuckt sie wieder aus. Wenn Schreiber das sähe, würde sie hysterisch. Ich aber vertrete die Ansicht, dass unsere Welt nicht so steril ist wie ein OP-Saal, deshalb muss eine gewisse Abhärtung sein. »Sieben Pfund Dreck muss ein Kind essen, das schärft den Geschmacksinn und hält gesund!« – dieses Sprichwort hat was.

ER

Ich unterhalte mich mit der Nachbarin, die einige Wochen vor uns hierher gezogen ist. Sie lebte zuvor auf dem Land und ist überglücklich, nun in der Stadt zu wohnen. Das lässt sie in meinem Ansehen kurz absacken – was sich wieder ändert, als sie sagt, Alma sei ein wunderschöner Name. Dann raunt sie mir zu, es gehe sie ja nichts an, aber sie wolle mich wissen lassen, dass hier die Katzen regelmäßig in diesen Kies kacken.

Nett von ihr.

Noch netter ist es, wenn sie dereinst Schreiber nichts von Almas Kieselsäuberungsaktion erzählt.

Mit Kindern ist es wie mit Hunden: Man hat stets Gesprächsstoff. Auf diese Weise lerne ich in dieser Familiensiedlung jeden Tag neue Leute kennen, vor allem Mütter. Treffpunkt ist der Spielplatz. Der liegt so nah bei unserer Wohnung, dass ich sogar in meinen Hausschuhen runtergehen kann. Zaubermaus verbringt seither viel Zeit im Sand, denn wie heißt es so schön: »Im Sandkasten lernt man fürs Leben.« Mir war bis eben allerdings nicht klar, wie Recht das Sprichwort hat!

Denn bis vor zehn Sekunden war unsere Kleine friedlich dabei, Sandkuchen zu backen, als plötzlich ein Knilch wie von der Tarantel gestochen aufspringt, zu meiner Tochter rennt, ihr seine Schaufel über den Kopf zieht, sie an den Haaren reißt und tritt.

Von einer Bank aus ruft eine Frau, die ich bis jetzt hier noch nie gesehen habe: »Tja, dieser Sandkasten ist sein Revier, da reagiert er immer so. Ich bin übrigens die Vera.«

Ach ja? Und ich bin übrigens schockiert! Wie reagiert man da als Mutter? Soll ich ihr meine Birkenstockschuhe ans Schienbein treten, weil das hier verdammt noch mal meine Tochter ist? Oder ihr unseren Sandeimer um die Ohren hauen? Wäre das die richtige Antwort?

Ich tröste meine Kleine, bin baff und weiß nun: Auch als Mutter lernt man am Sandkasten fürs Leben – sich zu wehren nämlich! Diese Vera wird von mir zu hören bekommen, was ich vom Platzhirschgehabe ihres Bengels halte! Und zwar jetzt in voller Lautstärke!

Im Sandkasten fürs Leben!!

ernt man

Schreiber bringt die Kleine ins Bett, ich mache es mir im Wohnzimmer gemütlich. Ganz kurz denke ich daran, wie es wohl Eltern von mehreren Kindern schaffen, ihre ganze Mannschaft rechtzeitig ins Bett zu bringen, bevor ich mich Angenehmerem zuwende. Ich ziehe das Buchzeichen aus dem Island-Krimi von Arnaldur Indridason, den ich gerade lese. Sauspannend! Gerade als ein erstochener Portier im Weihnachtskostüm gefunden wird, höre ich die Haustüre aufgehen. Seit wir in der neuen Wohnung sind, schließen wir kaum ab, es ist ja fast schon ländlich hier, und die Nachbarn sind so aufmerksam.

Fremder Besuch

ER

Ich wundere mich also nur kurz und lese weiter – sicher ist meine Liebste noch rasch in die Waschküche in den Keller gegangen. Doch dann bin ich bass erstaunt: Denn ich sehe zwei fremde Menschen in Socken an der Wohnzimmertüre vorbei in unsere Küche huschen.

Es raschelt. Es kichert.

Ich lege mein Buch mit dem toten Isländer zur Seite.

Jetzt höre ich die Kinderzimmertür.

Ein spitzer Schrei! Meine Liebste: »WAS MACHEN SIE DA?«

In weniger als drei Hundertstelsekunden bin ich auf den Beinen! Oh Gott! Was passiert hier?

Eine halbe Hundertstelsekunde später stehe ich in der Küche neben Schreiber. Die beiden Fremden schauen uns entgeistert an.

– »Wer sind Sie denn?«

– »WIR?« Schreiber holt tief Luft: »WIR WOHNEN HIER!«

Ich bin empört: »Du sitzt gemütlich auf dem Sofa und unternimmst nichts? Nennst du das deine Brut beschützen? Das hätten Schwerverbrecher sein können!«
Schneider wiegelt ab: »Schwerverbrecher ziehen ihre Schuhe nicht aus.«
Ich fasse es nicht: »Bei meiner Mutter sind die Diebe nachmittags durchs Haus spaziert, während sie schlief, also bitte! Und meine Handtasche steht immer in der Küche, die hätten sie locker klauen können.«
»Haben sie aber nicht!«
»Echt, du machst mich wahnsinnig mit deiner Gelassenheit, dabei liest doch du dauernd Krimis – und dann merkst du nicht mal, wenn jemand bei uns einbricht!«
»Ist ja nichts passiert, Herrgott!«
»Stell dir vor, ich wäre in der Badewanne gelegen – dann hätten die beiden in aller Ruhe ...«
»... ein Abendessen gekocht?«, fällt mir Schneider ins Wort.
Ich konnte doch nicht wissen, dass das Bekannte von unseren Nachbarn waren, die sich im Haus geirrt hatten – sehen ja alle Häuser gleich aus. Wie sich herausgestellt hat, wollten sie unseren Nachbarn, die ebenfalls ein kleines Kind haben, als Überraschung ein Abendessen machen – und deshalb sind sie ohne zu klingeln reinspaziert.
Mein Liebster lacht: »Du siehst überall Gefahren, Monster, Bösewichte! Vielleicht solltest du mal einen Krimi schreiben?«
Ja, vielleicht! Und der Anti-Held in meinem Krimi wird ein kleiner Schweizer mit schütterem Haar sein, der immer zu spät kommt. Die Inspiration dazu steht direkt vor mir!

Ein Vorteil der neuen Wohnung ist der pflegeleichte Boden.
Das denke ich, als ich zusehe, was Zaubermaus mit den Tomatenspaghetti macht. Sie stopft sich die kleingeschnittenen Nudeln mit beiden Händen in den Mund und die rote Sauce reicht ihr bis an beide Ohren. Unter ihrem Hochstuhl liegt, was nicht in den Mund gepasst hat und was nicht sonst wo im Gesicht, in den Haaren oder am Lätzchen hängen geblieben ist.

Immer schön ruhig bleiben

Ich schaue Schneider an. Er lächelt.
Wie schnell alles gegangen ist! Vor elf Monaten kam dieses kleine Wesen zu uns, und jetzt haut sich dieser pausbäckige Brummer schon die Nudeln selber rein! Die paar Zähnchen sind spitz wie bei einem Hai, die Unterarme stämmig, die Finger kleine Würstchen. Bald stille ich ab, und unsere Tochter wird immer mehr zu einem selbständigen Menschchen werden mit ausgeprägten Charaktereigenschaften.

SIE

Zaubermaus lächelt uns mit ihrem roten Clowngesicht an, ich könnte sie fressen! Bin voller Liebe – kaum zu fassen, wie schnell ich jeweils in die Luft gehe und laut werde, wenn Alma mal für einen kurzen Augenblick anstrengend ist. Wie kann ich nur!
Zaubermaus lächelt, ich schmelze. Dann nimmt sie den Teller, hält ihn über den Rand ihres Tischchens, lässt ihn fallen und grinst mich erwartungsvoll an.
»Ruhig bleiben! Ruhig bleiben!«, denke ich.
Schneider hingegen sagt: »Und so was lässt du durchgehen?«

Ich weiß. Alles Schwierige, was wir mit unserem Baby erleben, ist nur eine Phase, und die geht vorüber. Nur: Steckt man mittendrin in einer solchen Phase, glaubt man, sie würde bis in alle Ewigkeit währen. Zum Beispiel damals, als die ganze Stillerei eine einzige Tortur war. Oder als Zaubermaus nur im Treppenhaus ruhig blieb. Und als sie nicht alleine einschlafen konnte, als sie mitten in der Nacht wach wurde, als sie ihre ersten Zähne bekam.

Aber alles, alles ging vorüber.
Und auch das hier wird vorübergehen.
Aber das ist kein Trost:
Ich versuche nämlich, Zaubermaus zu wickeln. Sie jedoch windet sich wie ein gefangener Aal. Ich kriege kaum ihre Strumpfhosen runter und schaffe es beinah nur gewaltsam, ihren Body aufzuknöpfen. Und sobald ich die Klebeverschlüsse der Windel löse, dreht sich die Kleine auf die Seite. Sie macht sich steif wie ein Brett, und wenn die volle Windel unter ihr auf der Ablage liegt, löst sie die Spannung und fällt in die Pampe. Sie presst die Pobacken zusammen, als ich sie säubern will, schüttelt den Kopf, schreit wie am Spieß und so weiter, bis ich schwitzend nach Schreiber rufe, sie müsse mir helfen.
Ist das normal?
Schreiber sagt. »Weißt du, sie entdeckt jetzt das Nein! Und sie entdeckt ihren eigenen Willen.«
Ich nicke ernüchtert. Und ich weiß, dass auch diese Phase vorübergehen wird.
Spätestens in 17 Jahren.

Ich verteile den Rasierschaum im Gesicht: »Doch, ich verstehe das«, sage ich. »Nein! Du verstehst das eben nicht!« Schreiber liegt in der Badewanne, das eine Bein auf das andere Knie gestützt. Sie hat bis eben die Hornhaut an einem Fuß abgeraspelt – jetzt schaut sie mich entschlossen an. Schreiber will »mindestens« zwei Tage die Woche arbeiten, und ich soll dann während dieser Zeit zu Hause sein.

Rollenspiel

E
R

Sie stellt sich das ganz einfach vor. Ich beende meine Arbeitswoche am Mittwochabend um 17 Uhr, sie setzt Donnerstag früh ein und hört Freitagabend auf. Dann verleben wir ein wundervolles Wochenende zu dritt, und am Montagmorgen – besser nicht zu früh, damit wir noch gemeinsam frühstücken können – wartet die ganze Welt darauf, mir für drei Tage tolle Aufträge zu geben.

»Hast du deine Brustentzündung schon vergessen?«, frage ich.

»Überhaupt nicht!«, sagt sie trotzig. »Aber erstens habe ich viel gelernt. Und zweitens stille ich in zwei oder drei Wochen ab.«

»Nein! Bis du dich eingearbeitet hast, Reportagen vorschlagen kannst, recherchiert hast, verdienen wir nichts! Es ist zu früh, jetzt als Freiberuflerin einzusteigen. Unterm Strich fehlt uns am Ende des Monats das Geld! Außerdem weißt du selbst ganz genau, dass man in zwei Tagen keine Reportage schreiben kann!«

Sie raspelt wieder: »Ich kann mir auch lebhaft vorstellen, drei Tage die Woche zu arbeiten.«

Um konfliktträchtige Themen zu besprechen, gibt es nur wenige richtige Zeitpunkte. Dieser ist definitiv der falsche. Wie soll ich bei Schneider Eindruck machen, wenn ich mir gerade die Schwielen abrasple? Nein, so führt man keine Jobgespräche! »Wir reden in fünf Minuten im Wohnzimmer weiter«, sage ich und klettere aus der Wanne.

Unsere Kleine wird bald ein Jahr alt und ich merke, dass ich langsam reif bin: Ich will im neuen Jahr wieder Geld verdienen. Sachte, aber sicher. Ich will zu Aufträgen kommen und Reportagen schreiben. Ich weiß, was Schneider antworten wird: »Hol erst die Aufträge rein, dann sehen wir weiter.« Aber so geht das nicht, denn ich kann mit einem Kleinkind nicht in Ruhe über Themen nachdenken, geschweige denn irgendetwas vorrecherchieren und sowieso keine Telefonate mit irgendwelchen Redakteuren führen. Ich brauche Anlaufzeit, in der wir halt in Gottes Namen nun mal weniger verdienen.

Ich setze mich im Pyjama zu ihm aufs Sofa: »Also gut, vergessen wir das mit den drei Tagen – aber ein Tag muss sein. Du wolltest doch immer ein toller Vater sein, einer, der das Kind aufwachsen sieht, der im Leben seiner Tochter eine Rolle spielt!«

Schneider schweigt. Nicht aber Zaubermaus. Sie ist aufgewacht und ruft deutlich: »Mamaaa!«

»Siehst du«, sage ich, »die Kleine muss schleunigst daran erinnert werden, dass sie auch einen Papa hat!«

Ich werde nie krank. Dachte ich. Nun bin ich Papa. Eine neue Zeitrechnung hat begonnen. Nichts ist mehr, wie es war: Ich habe Mittelohrenentzündung. Genau gleich wie Schreiber, genau gleich wie unsere Tochter. Und das ausgerechnet an Weihnachten!

ER

Meine Mutter war zwei Tage hier und hat uns gepflegt, aber jetzt, an Heiligabend, ist sie zurück nach Hause gefahren.

Meine Brüder haben angerufen, und alle sagten, das sei halt so als Familie: Man mache Krankheiten gemeinsam oder zumindest nacheinander durch, einer stecke den andern an. Na prima! Ich fasse mir an die Stirn: heiß. Ich fasse an die Stirn meiner Kleinen: glühend! Sie schaut mich mit müdem Blick an.

Mir ist nach bitteren Scherzen zumute: »Jetzt setzen wir den Adventskranz in Brand, damit wirklich alles in diesem Haushalt entzündet ist«, rufe ich zu Schreiber in die Küche, wo sie Abendessen kocht. – »Oh ja, ich mache Flammkuchen, und als Nachspeise gibt's flambierte Bananen«, ruft sie zurück und fügt dann an: »Kommt doch mal her, ihr beiden.«

Entzündete Weihnachten

Ich nehme die Kleine sachte auf den Arm und gehe in die Küche. Schreiber hält je eine Wunderkerze in beiden Händen und sagt: »Frohe Weihnachten!« Ich lächle, Zaubermaus staunt. Dann schaue ich auf den Küchentisch und entdecke – Geschenke.

Oh, oh! Mir fehlen jetzt nicht nur Geschenke – sondern auch eine zündende Idee!

Unsere erste Weihnacht als Familie. Statt Krippenspiel: Krankenlager. Statt Lichterbaum: Erkältungsbad. Statt Käsefondue: Ohrentropfen. Schneider schleppt sich durch die Wohnung. Er leidet am meisten – ist ja auch ein Mann. Zaubermaus hingegen klagt nicht. Sie ist einfach nur ein stilles Häufchen Elend.

Mit Stirnband und dicken Wollsocken stehe ich nun in der Küche, habe eine Hühnersuppe zubereitet, zünde auf dem Küchentisch die Kerzen des Adventskranzes an und drapiere die Geschenke drum herum.

»Kommt doch mal her, ihr beiden!« Schneider schlurft in seinem blauen Jogginganzug mit der Nummer 9 in die Küche, ein altes Teil, das heute Abend ersetzt wird. Auf dem Arm trägt er unsere Tochter, deren Wangen rot glühen. »Frohe Weihnachten«, sage ich. Er schaut irritiert auf den Küchentisch: »Geschenke? Oh Mann! Ich dachte, du machst was zu essen. Ich kam einfach nicht dazu, lag doch flach die ganzen letzten Tage!«

»Na ja, ein Jahr hat 365 Tage«, spotte ich, wohl wissend, dass mein Schneider ein Last-Minute-Geschenkekäufer ist. Schneider denkt nach, während Zaubermaus fasziniert die Wunderkerzen beobachtet.

Dann lächelt er auf einmal: »Weißt du, Liebste, mein Geschenk konnte ich einfach nicht so gut einpacken.« Er nimmt mich in den Arm: »Ich hatte nicht genügend Geschenkpapier für deine 52 Arbeitstage!«

Das letzte Mal, als wir bei Manu waren, war sie noch mit Heinz zusammen, lebte in einem ungemütlichen Betonbunker, und unsere Zaubermaus war noch im Bauch. Ich fand die Party damals katastrophal, viele aufgeblasene Wichtigtuer standen gelangweilt herum. Bei Manu hat sich unterdessen viel getan. Sie hat unsere alte Wohnung übernommen und Schreiber meint, dass sie auch in Sachen Liebe wieder auf gutem Weg sei.

Als mir nun Bob die Türe öffnet, stockt mir der Atem. »BOB?!« Er nimmt mich in den Arm wie ein Grizzly eine Zwergziege, lacht, dass es bis tief in meinen Knochen dröhnt, und haut mir seine Pranken auf den Rücken: »Yeah, und ihr habt uns zusammengebracht!«

Jetzt sitze ich auf dem Sofa in unserem ehemaligen Wohnzimmer, schon ein wenig beschwipst vom Prosecco, aber auch von der Überraschung, und schaue mich um. Ich sehe zu Schreiber hinüber, sie lächelt mir zu und nickt. Ja, es hat sich einiges verändert in diesem Jahr.

Ich blicke zu den beiden Mädchen, die am Boden auf einer Decke sitzen, Klötze stapeln und Büchlein anschauen, aber einander keines Blickes würdigen. Ich blicke zu Bob, der zufrieden strahlt und stark nach Duschgel riecht. Ich sehe Manu, die ein rotes Kleid trägt und sogar Rouge im Gesicht. Und ich blicke zu Schreiber.

Sie strahlt.

Es war ein anstrengendes, schönes Jahr.

Ich liebe diese Frau!

Trotz allem.

PS: Gesagt, getan …

»Liebster?«

Schneider umarmt mich, draußen knallen die Raketen. Leonie und Zaubermaus schlafen.

»Liebster, ich muss dir etwas sagen.«

»Ja? Was denn?«

Ich drücke mich an ihn: »Vor zwölf Monaten kamen wir hier zu dritt an. Unsere Zaubermaus macht jetzt bald ihre ersten Schritte, hat sechs Zähnchen, und wir haben eine neue Wohnung. Du wirst vier Tage in der Woche arbeiten, ich einen. Wir können sogar immer wieder mal eine Nacht durchschlafen, ohne von der Kleinen geweckt zu werden ...«

Schneider nickt und zieht mich fester an sich: »Erzähl weiter, das hört sich gut an.«

»Wir streiten zwar immer noch, aber nicht mehr wegen jedem Mist wie am Anfang. Wir lieben uns ...«

»...fast so oft wie früher«, ergänzt er lächelnd.

»Tja, wir scheinen uns als Eltern ganz gut zu machen.«

Er nickt. »Hm, da dachte ich ...«

Er schaut mich erstaunt an: »Echt? Bist du schon so weit? Auch ich wünsche mir ein Geschwisterchen für die Kleine! Sollen wir gleich damit anfangen? Manu, Bob, können wir uns mal kurz zurückziehen?«

»Äh, ich dachte eigentlich nur, dass wir stolz auf uns sein können, dieses erste Jahr als Paar überlebt zu haben.«

Wobei, ehrlich gesagt, ich auch ein bisschen an das andere gedacht habe: »Komm, mein Traummann, wir gehen nach Hause!«

PS: ... Alma hat ein Schwesterchen bekommen – Ida Paulina. Und wir sind nun glücklich zu viert.

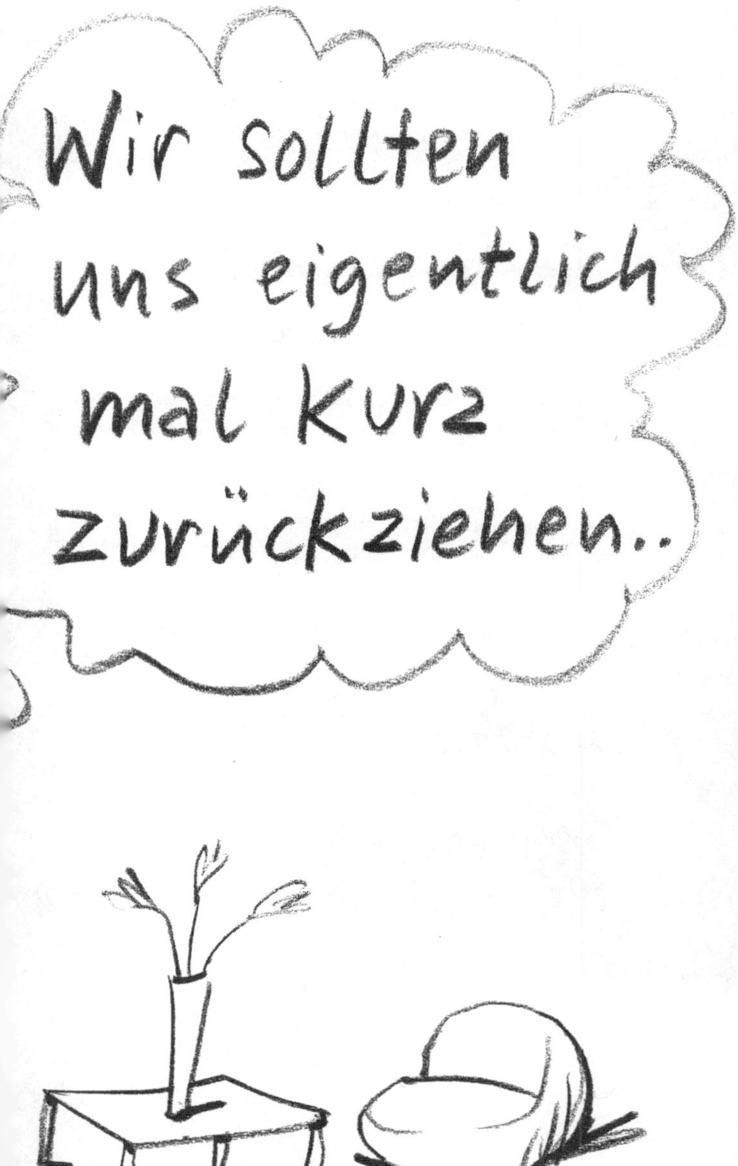
Wir sollten uns eigentlich mal kurz zurückziehen..

SYBIL SCHREIBER,

geb. 1963, die Deutsche in der Schweiz, ist Journalistin und Referentin im Bereich Medienarbeit.

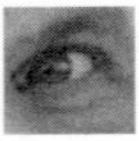

STEVEN SCHNEIDER,

geb. 1964, der Halbitaliener in der Schweiz, ist Journalist und Kommunikationsberater.

Durch ihre exzellenten Eltern- und Paar-Kolumnen in der *Coopzeitung*, der größten Schweizer Wochenzeitschrift, genießen sie seit Jahren einen hohen Bekanntheitsgrad und haben viele Fans. Einige der Kolumnen wurden im Eigenverlag publiziert:

Bye bye Bombay (2005, ISBN 978-3-9522843-2-2), *Frischer Wind die Live-Kolumne.* Hörbuch (2006, ISBN 978-3-9522843-4-6), *Der Pilot unter der Türe* (2006, ISBN 978-3-9522843-3-9). Erhältlich über den Buchhandel.

Das vorliegende Buch enthält ausschließlich unveröffentlichte Texte!

Sybil Schreiber und Steven Schneider sind glückliche Eltern und leben mit ihren zwei Töchtern in der Nähe von Zürich. www.schreiber-schneider.ch

E

R